W9-AJN-984

*f*P

ESPÍRITU
Navideño

Recuerdos de familia, amistad y fe

Joel Osteen

FREE PRESS

New York London Toronto Sydney

FREE PRESS
Una división de Simon & Schuster, Inc.
1230 Avenue of the Americas
New York, NY 10020

Primera edición en pasta dura de Free Press, noviembre 2010

FREE PRESS y su colofón son sellos editoriales de Simon & Schuster, Inc.

Para obtener información respecto a descuentos especiales en ventas al por
mayor, diríjase a Simon & Schuster Special Sales al 1-866-506-1949 o
a la siguiente dirección electrónica: business@simonandschuster.com.

La Oficina de Oradores (Speakers Bureau) de Simon & Schuster puede
presentar autores en cualquiera de sus eventos en vivo. Para más
información o para hacer una reservación para un evento, llame al
Speakers Bureau de Simon & Schuster, 1-866-248-3049
o visite nuestra página web en www.simonspeakers.com.

DISEÑADO POR ERICH HOBBING

Impreso en los Estados Unidos de América

1   3   5   7   9   10   8   6   4   2

ISBN 978-1-4516-0808-3
ISBN 978-1-4516-1416-9 (ebook)

La escritura de este libro ha sido un regalo
para mí porque me ha permitido reflexionar
acerca de todas las Navidades que Dios
me ha bendecido con familiars y amigos.
Este libro está dedicado a aquellos que
me han ayudado a vivir el verdadero
espíritu de esta celebración,
el nacimiento del Hijo de Dios,
nuestro Salvador Jesucristo.

Contenido

Introducción

✦

La primera vez que hablamos de hacer este libro de recuerdos navideños, uno de mis familiares me dijo que siempre me han gustado los regalos que van en la bota de Navidad, ¡y este podría llegar a convertirse en uno! Espero que encuentres que está lleno de historias que te inpsirarán, ahondarán tu fe, te harán reir y ojalá te hagan recordar tus Navidades preferidas.

Todas las familias tienen sus formas únicas de celebrar la Navidad. Pero lo que realmente nos importó a la hora de armar este libro es mostrar cómo la Navidad es en realidad una celebración de familia —la familia de Dios y la nuestra propia.

Dios Padre nos envió a Su Hijo como el regalo más precioso de todos. Jesús tuvo que pagar un precio muy alto para entregar a todas las personas que creen en Él, la promesa del amor incondicional, la esperanza duradera y la vida eterna. Una vez reunimos y revisamos todas nuestras historias navideñas favoritas para este libro, nos dimos cuenta que, sin planearlo, cada capítulo contiene esos mismos temas de amor incondicional, esperanza duradera y vida eterna.

La fe en Dios nos da estos tres regalos y el ser parte de una familia nos ayuda a perpetuarlos a medida que los pasamos de generación en generación. La Navidad es la época perfecta para celebrar el amor de Dios y de la familia y para crear recuerdos que durarán para siempre. Lo increíble es que no sólo tengamos la habilidad de recibir ese regalo, sino que podamos compartirlo con otros el día de la Navidad y todos los demás días del año.

ESPÍRITU
Navideño

✦

CAPÍTULO UNO

El regalo de nuestro padre

Disfrutábamos de las tradiciones navideñas comunes en nuestra niñez, pero, al igual que la mayoría de las familias, teníamos nuestros propios rituales especiales. Los niños Osteen —todos los cinco— nos acostábamos debajo y alrededor del árbol de Navidad desde la Nochebuena; nos sentábamos allí, contábamos historias y reíamos mientras intentábamos adivinar qué regalos podríamos recibir hasta que al fin nos quedábamos dormidos. Sin embargo, celebrábamos la Navidad en una forma un poco distinta a la de las demás familias. Para nosotros era una verdadera fiesta de cumpleaños porque mis padres enfatizaban los orígenes cristianos de la fiesta como el nacimiento del Niño Jesús. Dios perfectamente presente entre nosotros. Si hay un regalo que sea para toda la vida es, sin duda, éste.

Sí. Intercambiábamos regalos de Navidad, como la mayoría de las familias. Reíamos y gozábamos durante abundantes cenas con pavo y todos los acompañamientos. Pero había algo que no hacíamos, no hacíamos ponche de Nochebuena. En cambio, muy temprano en la mañana de Navidad, mientras que nuestros padres seguían acostados en su cama, los niños y niñas Osteen salían de las bolsas de dormir y preparaban café. Es probable que primero deba explicar que la cafeína corre por las venas de nuestra familia. Tomábamos café inclusive antes de que los Starbucks sembraran su primer grano. Cada uno de nosotros comenzó a tomar café a muy temprana edad por nuestro padre, un pastor que empezaba cada día con la Biblia en una mano y una taza de café negro en la otra.

El café matutino de papá era como un trocito de cielo en la tierra. Todos los días se levantaba de la cama y lo primero que hacía era dirigirse a la cafetera. Antes de afeitarse, ducharse o vestirse tenía que tomar al menos un tazón del buen café Folgers "cultivado en la montaña, el más delicioso café", como decían las propagandas de entonces.

Nuestro padre John Osteen no sólo bebía su taza matutina de café sino que lo saboreaba de la misma forma en la que mi esposa Victoria saborea los chocolates Godiva. Para él, la mejor parte de despertar en la mañana era definitivamente una taza de café Folgers. Para él su café matutino era un verdadero acontecimiento. Aún no estoy seguro de si lo hacía por su propio placer o por entretenernos; probablemente por ambas razones.

Yo me sentaba con Paul, nuestro hermano mayor —cuando aún estaba en casa o cuando venía a visitarnos— y nuestras hermanas Lisa, Tamara y April, alrededor de la mesa del comedor, todas las mañanas esperando a que apareciera papá con su taza de café humeante. Ver la forma como disfrutaba ese primer sorbo de café del día era uno de los momentos más importantes de nuestras mañanas, especialmente cuando lo sorbía. Con sus labios contra el borde del tazón tomaba un sorbo largo y luego mantenía el tazón levantado mientras permanecía con los ojos cerrados y una sonrisa de satisfacción delineada de un lado al otro de su cara.

Por último, mientras esperábamos, sentados en el borde de nuestros asientos, papá respiraba hondo, sostenía la respiración y dejaba escapar un sonido que normalmente sólo se escucha en los programas de muñecos animados los sábados en la mañana.

—¡*Ahhhaaahaaaaaaaa!*

Todos reíamos como locos y después de que cada uno tomaba un sorbo de su taza, decíamos a coro:

—¡*Ahhhaaahaaaaaaaa!*

Sin falta, papá hacía ese mismo ruido después de su primer sorbo de café cada mañana. Nosotros reíamos siempre, cada vez, como si fuera la primera vez que veíamos a nuestro padre practicar este ritual. ¿Saben que, aún hoy, cada uno de los hermanos Osteen, ya grandes, hace el mismo ruido después del primer sorbo de café cada mañana? Algunos de nuestros hijos, miembros de la próxima generación, también han adoptado el hábito del ¡*Ahhhhhaaahaaaa!* Después del primero sorbo de café, heredado de sus padres y de su abuelo.

Claro está que esta es apenas una pequeña parte del

legado de mi padre, quien falleció en 1999. Es probable que sepas que él fundó la Iglesia de Lakewood, y que él y mi madre Dodie la construyeron para una pequeña congregación que se reunía apretujada en el antiguo granero donde se guardaba el alimento del ganado. A medida que crecimos y nos convertimos en padres, mi hermano, mis hermanas y yo hemos visto cada vez con más claridad qué tan hondo puede llegar la influencia de nuestros padres dentro de nuestras vidas diarias en otras formas pequeñas y grandes, en los días de fiesta y también en cada día de nuestras vidas.

Hace poco, Paul hablaba de nuestro padre y su costumbre del café y cómo venía a desayunar cada mañana en su bata de toalla, arrastrando sus pies en sus pantuflas, sin peinarse, con esa expresión de somnolencia en sus ojos. Se amarraba el cinturón de la bata bien apretado y muy alto sobre su plexo solar, lo que lo hacía ver como si pesara 300 libras aunque no era ni mucho menos obeso...

Solíamos bromear con él sobre la forma desaliñada en la que aparecía por las mañanas. A Paul en especial le encantaba hacerlo, pero mi hermano admitió hace un tiempo que una mañana mientras iba hacia el comedor, se vio en el espejo.

"Ahí estaba yo, en esa enorme y vieja bata amarrada muy arriba de mi ombligo, arrastrando mis pantuflas y totalmente despeinado", dijo. "¡Me di cuenta que me había convertido en nuestro padre!"

SUPERAR LA ADVERSIDAD

Otra tradición familiar heredada de generación en generación desde nuestro padre se encuentra en el corazón de esta historia de Navidad. Sin embargo, debo contarles primero algo de la historia de mi padre para que puedan darse una idea completa. Papá se crió en una granja en las afueras de Paris, Texas, en los días de los caballos y las carretas. En esa época no tenían televisión con programas como *American Idol*, pero sí tenían un concurso de canto en la plaza de la ciudad todos los sábados en la noche cuando los granjeros y sus familias iban en las carretas a la ciudad a buscar sus provisiones.

Las hermanas de mi padre pensaron que él debía

participar en el concurso cuando mi padre tenía apenas cinco años. Antes de salir en la carreta hacia la ciudad, trataron de arreglarlo para que se viera más como una persona del espectáculo. Su pelo grueso no se quedaba quieto donde ellas querían por lo que su hermana le aplicó unas claras de huevo como un gel hecho en casa para poder peinarlo.

Desafortunadamente, durante todo el trayecto, el candente sol de Texas dejaba caer sus rayos sobre la cabeza de mi papá toda untada de huevo. Para cuando llegaron al escenario, el huevo podrido en su pelo olía tan mal que en lugar de cantar ante el público ¡se vomitó sobre ellos! Nuestro padre nos contaba que eso le había puesto fin a sus sueños de convertirse en cantante y estoy seguro que jamás volvió a ponerse gel de clara de huevo en el pelo.

Cuando era joven, papá trabajó cosechando algodón en una granja de propiedad de su padre, mi abuelo Willis Jackson Osteen, quien fuera un exitoso algodonero hasta la Gran Depresión. Al igual que la mayoría, su familia lo perdió todo. Decían que habían quedado "en la inopia", perdieron hasta su tierra cuando los bancos quebraron y mi abuelo tuvo que abandonar su oficio de granjero. Pero no se dio por vencido.

A través de su amistad con otros granjeros logró obtener alimentos frescos, cargarlos en su viejo camión de costados abiertos y llevarlos a Fort Worth y Dallas, donde vendía vegetales de huerta casera en las calles de los barrios ricos. Sin embargo, fue una época difícil y papá y sus dos hermanos y sus dos hermanas no tuvieron mucho mientras crecieron. Mi papá solía contar cómo con frecuencia se había tenido que ir a la cama con hambre, cómo había tenido que comer su cereal del desayuno con agua porque no había dinero para la leche, cómo había tenido que poner cartón en sus zapatos para tapar los huecos de las suelas y cómo había tenido que utilizar ropa y los pantalones heredados que le quedaban demasiado cortos.

BICICLETAS PARA DOS

Sin embargo, a pesar de los tiempos difíciles, tuvo una niñez muy feliz. Por mucho tiempo, la casa donde vivían no tuvo luz eléctrica pero se las arreglaban lo mejor que podían. Se sentaban en la galería y el abuelo tocaba el violín e inventaba canciones. En una oportunidad, cuando mi padre era niño, su hermana Mary lo tenía alzado mientras escuchaban la música al pie de la chimenea. Lo soltó y mi padre cayó en el fuego quemándose los dedos que le quedaron cicatrizados por el resto de su vida. A pesar de que la disfrutaba mucho, la música no parecía ser muy saludable para mi padre.

Papá hablaba con frecuencia de que cuando se aproximaban las fiestas, su familia era una de las que recibía canastas de caridad para el Día de Acción de Gracias y para la cena de Navidad. La mayoría de las veces ni él ni sus hermanos y hermanas recibían regalos de Navidad. Creo que esa es la razón por la cual gozaba tanto comprándonos personalmente los regalos. Mientras crecimos, nadie nos habló mucho de Papá Noel. Creo en parte que mis padres querían que nos centráramos en el significado de la Navidad pero tal vez fuera también porque mi padre quería ser el que nos daba los regalos debido a que él había recibido tan pocos regalos cuando niño.

La mayoría de los padres salen a escondidas, sin

hacer ruido, a comprar los regalos de Navidad, los esconden y, luego, la mañana de Navidad dicen a los niños que Papá Noel los trajo bajando por la chimenea. Con frecuencia, nuestro padre nos llevaba a hacer las compras de Navidad, uno a la vez, para que le ayudáramos a elegir los regalos para mamá y para los demás niños. Era gracioso; éramos como los ayudantes de Papá Noel en esas salidas de compras, pero nunca nos permitía llevar los paquetes. Gozaba tanto comprándolos que creo que simplemente quería sentir el placer de llevarlos al automóvil y de entrarlos a la casa. Tal vez era eso, ¡o tal vez tenía miedo de que miráramos a ver qué había adentro!

En los primeros días de diciembre, cuando yo tendría unos ocho años, papá me llevó con mi hermana April, dos años menor que yo, a mirar bicicletas. No compramos nada y ese día mi padre no nos dijo para quién estábamos comprando regalos; simplemente miramos juntos las bicicletas. Unos pocos días después, papá me llamó aparte y me dijo que le había comprado a April una bicicleta. Me sentí realmente feliz por ella, entonces me llevó al patio de atrás donde había escondido la nueva bicicleta de mi hermana debajo de una sábana. Yo quería verla, pero mi padre me dijo que no levantara la sábana.

Estaba muy emocionado por April, y volvía a donde estaba la bicicleta cada dos o tres días para asegurarme de que la bicicleta de April aún estuviera allí. Le pregunté a papá unas cuantas veces si podía verla pero él me decía: "No, es una sorpresa. Tendrás que esperar hasta el día de Navidad".

No podía entender por qué no me dejaba ver la bicicleta, pero nunca levanté la sábana. Logré vencer la tentación, aunque no dejaba de mirar en el patio de atrás para asegurarme de que April no pasara por allí.

En la víspera de Navidad, todos los niños nos acostábamos en el estudio de papá, alrededor del árbol, como siempre. Cuando desperté, cerca de las siete de la mañana, Lisa puso a hacer el café para que cada uno pudiéramos tomar un pequeño sorbo. Luego, mamá y papá se reunieron con nosotros y después de haber tomado nuestro café de Navidad y de haber dicho el ¡*Ahhhhhaaahaaaa!* del día, papá nos dijo a April y a mí: "Vamos al patio de atrás; quiero mostrarles algo".

Al fin, pensé; papá quería que yo viera la sorpresa

de April cuando le diera su nueva bicicleta, pero cuando papá retiró la sábana, no sólo había una bicicleta. ¡Había una bicicleta Sting Ray color lavanda para niña, para April, y una hermosa bicicleta Sting Ray color naranja para niño! En ese momento supe por qué no se me había permitido retirar la sábana. Papá me había comprado a mí también una bicicleta nueva.

¡Sobra decir que sentí la misma emoción con mi bicicleta que la que sentí por la bicicleta de April! Tal vez inclusive un poco más (lo siento, April). Mi bicicleta Sting Ray era fantástica y el hecho de que fuera el regalo de papá para mí la hacía aún mejor. Tuve esa bicicleta por muchos años y pasé horas y horas montándola, pedaleando por todo el vecindario y recogiendo los senderos de los carritos de golf en el campo de golf calle abajo.

Cuando pienso en esa Nochebuena, suelo pensar que el verdadero regalo que me hizo mi padre fue una prueba de fe. Con mucha frecuencia, Dios actúa de la misma forma. Nos prueba sin revelar la totalidad de Su plan para ver si le obedeceremos y si mantendremos la fe, tal como me probó mi padre con esa bicicleta. A veces no comprendemos por qué estamos esperando. A menudo es porque Dios nos tiene algo grandioso, simplemente aún no es el momento adecuado.

LA CAJA GRIS

Uno de los regalos más especiales que nos hizo mi padre fue una insignificante caja gris. Mi padre guardaba ese recipiente de metal en un cajón de su escritorio en nuestra casa. Era una caja muy simple, pero la caja misma y su propósito han adquirido cada vez más significado para nosotros, desde aquella Navidad de 1998, la última que pudimos pasar con papá.

A un nivel muy básico, la "caja gris", como siempre la llamábamos, era precisamente el lugar donde papá mantenía dinero para nosotros, para cuando lo necesitáramos y él no estuviera ahí. La caja gris era nuestro banco, el pequeño banco privado de la familia Osteen. Nos dimos cuenta de que era un símbolo del amor de nuestro padre y de su preocupación por nuestra seguridad, un regalo creado por un hombre que había crecido sin muchas cosas, para asegurarse de que sus hijos siempre tendrían lo necesario cuando lo requirieran.

El amor de nuestro padre era incondicional e ilimitado. Crecimos con esas reservas profundas de amor, sabiendo que jamás se acabaría. No importaba cuánto sacáramos, siempre había más. Por supuesto, el amor de Dios por Sus hijos es el mismo. La profundidad de su cariño va más allá de lo que tú y yo podamos llegar a imaginar.

RESERVAS PROFUNDAS

Mamá tiene la caja gris original y me sorprende que aún no se hayan gastado las bisagras de la tapa con todo lo que la usamos mientras crecíamos. Siempre que necesitábamos dinero para comprar el almuerzo en el colegio, para una pizza, para un juego de fútbol, para ir a una clase, para ir a los bolos o a patinar o al cine, nuestros padres nos decían que fuéramos a la caja gris.

Ahora al mirar atrás, parece sorprendente que,

a pesar de que éramos cinco y todos sacábamos dinero de allí día tras día, ninguno recuerda haber encontrado alguna vez la caja vacía o con pocos fondos. Tampoco recuerdo haber visto nunca a papá o a mamá poniendo dinero en esa caja. Sin embargo, la caja de metal siempre tenía dinero cuando lo necesitábamos.

Tampoco había una serie de normas formales relacionadas con la forma de sacar dinero de la caja gris, aunque sí nos dieron una regla al advertirnos que era para "necesidades, no para antojos". Si hacíamos algún retiro grande para alguna compra extraordinaria, dejábamos una nota a modo de pagaré donde decía que devolveríamos el dinero, o al menos explicábamos lo que habíamos hecho con el dinero. Lo que tenía la caja gris es que creaba un sentido de abundancia, una sensación de que había suficiente para que todos compartiéramos y que nuestro padre siempre nos estaba cuidando.

Papá solía decir que su familia nunca tuvo suficiente y que él no quería que nos sintiéramos nunca así. Como niños y adolescentes, dábamos por descontado que siempre habría dinero en la caja gris. Jamás pensamos en la posibilidad de que llegara a estar vacía, y eso era lo que nuestro padre deseaba.

Nuestros padres habían construido la Iglesia de Lakewood que ahora contaba con más de 15.000 miembros y una enorme audiencia televisiva. Papá era un respetado pastor que recibía a todos en su iglesia, la que era conocida ampliamente como "un oasis de amor". Esta era una descripción de la iglesia de nuestra familia que aparecía en las carteleras por todo Houston y era bien conocida por el público en general, pero era mucho más que un lema o una frase publicitaria; era una realidad. Con mis hermanos y hermanas crecimos en ese oasis. Nunca dejó de preocuparse por nosotros.

Aún después de que todos nos fuimos del hogar y empezamos nuestras propias familias, siempre estaba pensando cómo ayudarnos y se quería cerciorar de que tuviéramos amor y apoyo. Cuando se acercaba la Navidad de 1998, papá le dijo a mamá que había pensado en un regalo especial para cada uno de nosotros y nuestras familias.

—Dodie —le dijo—. ¿Me puedes ayudar a buscar una caja gris para cada uno de ellos?

Esa Navidad, cada uno de nosotros —Paul, Lisa, April, Tamara y yo— recibimos una caja gris como regalo de nuestros padres. Cada una de las cajas traía adentro una nota escrita en la vieja máquina de escribir de mi padre:

Mis preciosos y amados hijos,

Sé que recuerdan la Caja Gris que solíamos tener, en la que podían encontrar dinero para el almuerzo o para gastos, siempre que lo necesitaban. Bien, quisimos que cada uno de ustedes y sus familias tuvieran su propia caja gris. De donde podrán sacar dinero en caso de que se les acabe. En esta oportunidad —nosotros la hemos llenado, ¡¡¡pero de ustedes depende mantenerla llena!!!

Dios nos ha dado grandes bendiciones y nos ha permitido tener hijos, nueras y yernos que nos han brindado gran alegría a lo largo de los años. Que nos respetan y nos honran y nos aman, aunque podamos haber cometido errores a través de todo este tiempo, y aunque todavía tengan cicatrices de uñas ¡de las veces que los pellizcamos!

Les pedimos el favor de que tengan una excelente época de fiestas y un maravilloso año 1999. Con todo nuestro amor, Mamá y Papá.

No puedo recordar que jamás hayamos tenido un regalo de Navidad que me haya inspirado un sentimiento de emoción tan intenso —ni siquiera la bicicleta Sting Ray color naranja con el asiento en forma de banano me causó una alegría tan profunda. Con frecuencia hablamos con mis hermanos de lo que pensamos cuando desempacamos este regalo sorpresa de Navidad. Es interesante como todos respondimos cosas muy similares. Cada uno de nosotros se sintió inmensamente conmovido de tener tanto amor de nuestros padres y también de nuestro Padre celestial.

Lisa dijo que cuando abrió ese día el regalo de nuestros padres, pensó en cómo nuestro padre había seguido honrando a Dios a medida que pasaba de una niñez de pobreza a bendiciones financieras. Servimos a un Dios que nos bendice y cuida de Su pueblo, y cuando servimos a Dios y le obedecemos y le damos, siempre nos cuidará.

Nuestro padre quería asegurarse de que cada uno

de nosotros continuáramos con la tradición de la cajita gris. Lo hemos hecho, aunque todos nos hemos dado cuenta de que ¡es mucho más difícil llenar la caja de dinero que sacarlo! Mi hermano y mis hermanas han interpretado esta tradición familiar como el regalo de despedida de papá. Nos dejó muchas cosas, pero estamos especialmente agradecidos por su legado de amor y seguridad, por la sensación de que en un mundo, con frecuencia caótico, que puede parecer indiferente, somos bendecidos con un sentido de fidelidad, de ser amados y cuidados por nuestro padre en la tierra y ahora en el cielo.

Papá siempre había sido muy activo y saludable, a pesar de ser hipertenso, pero a finales de 1990 sus riñones comenzaron a fallar. Los doctores lo pusieron en tratamiento de diálisis, pero no pudieron hacer que llevara un ritmo de vida más moderado. Decía que predicaría hasta que tuviera más de noventa años y todos creímos que así sería. Así de firme era su fe en Dios y así de fuerte su espíritu.

Apenas a un mes de que cada uno hubiera recibido su caja gris como regalo de Navidad de nuestro padre, él se fue inesperadamente de esta tierra. Murió de un infarto a los setenta y siete años, el 23 de diciembre de 1999. No estábamos nada preparados para que esto ocurriera, pero gracias a sus decididos esfuerzos, estábamos bien formados para continuar con su legado de amor. Crecimos en un oasis de amor creado por mi padre, quien no sólo nos enseñó que somos bendecidos por Dios sino que debemos bendecir a otros, porque, cuando nos centramos en eso, Dios se asegura de que todos seamos bendecidos en paz, alegría y abundancia.

REGRESO A CASA

Unos pocos meses antes de que mi padre se fuera con el Señor, regresamos a Paris, Texas, donde él creció. Podría decirse que mi padre quería recordar y mostrarme el lugar donde había crecido. De modo que fuimos hasta allí y encontramos el viejo terreno donde había estado su granja. Me mostró dónde estaba el pozo y dónde había recogido algodón y otros lugares de su infancia.

Luego me preguntó si podíamos recorrer los alrededores en el automóvil para ver si encontrábamos a alguno de sus antiguos amigos. Jamás olvidaré que llegamos a una casa muy vieja y desvencijada. Ahí encontramos a este hombre mayor sentado al frente sobre un tronco, pasando el tiempo. Mi padre se le acercó, dijo un nombre y preguntó si era esa persona.

—Soy yo —respondió el hombre.

—Bien, yo soy John Osteen —dijo mi padre—. Fuimos juntos a la escuela.

No se veían desde hacía más de cincuenta años pero ese día no pararon de hablar de los viejos tiempos. Hablaron durante una media hora antes de despedirse. Luego anduvimos un rato más y encontramos varios otros compañeros de escuela que vivían allí cerca. Parecía que muchos de ellos a penas lograban sobrevivir. Un hombre que tenía más o menos la edad de mi padre dijo que había perdido su empleo cuando tenía 28 años y que desde entonces nunca había logrado conseguir otro trabajo. La gran mayoría vivían gracias a los subsidios del estado y no tenían ninguna perspectiva de mejorar sus vidas.

Era una pena. Eran todos buenas personas pero por una razón u otra, nunca lograron salir de la pobreza como lo hizo mi padre. El haberlos conocido me hizo apreciar aún más todo lo que m padre había logrado.

Es increíble ver cómo una persona, cuando le entrega su vida al Señor, puede hacer una diferencia tan grande. Cuando vives con integridad, cuando sueñas en grande y cuando tienes un espíritu generoso, puedes hacer una gran diferencia no sólo en tu propia vida sino en las de los demás. Mi padre influyó en la vida de personas de todo el mundo. Gracias a que jamás se satisfizo con quedarse donde estaba tomó la decisión de superar la pobreza y vencer una mentalidad limitada. Como resultado, se alzó ante sus circunsancias y ayudó a cantidades de otras personas a hacer lo mismo.

El legado de mi padre fue un regalo de Navidad para siempre: el mensaje de hacer lo que hizo él en esta tierra, sembrando constantemente semillas de amor, semillas de ánimo, semillas de esperanza, semillas de sanación y semillas de bendición en las vidas de sus hijos y de todos los hijos de Dios.

CAPÍTULO DOS

Cómo se crean los recuerdos

Uno de los momentos más importantes de las Navidades cuando éramos niños era una gran cena con nuestros abuelos los Pilgrims. No, estos Pilgrims no eran como los peregrinos de antaño, no vinieron en el Mayflower ni usaban graciosos sombreros. *Pilgrim* ("peregrino" en inglés) era su apellido: Roy y Georgia Pilgrim eran mis abuelos maternos. Nacidos y criados en Texas. Sal de la tierra, eran personas fuertes que habían trabajado duro y habían vivido humildemente, siempre ayudando en cada oportunidad que tenían.

No sólo eran nuestros abuelos, eran como nuestros segundos padres y una fuente constante de amor y respaldo para todos mientras crecíamos. Cada vez que nuestros padres se iban en una misión de la iglesia o de vacaciones, el abuelo y la abuela Pilgrim se quedaban con nosotros. Además de la Navidad, venían a vernos de cuatro a cinco veces al año y siempre nos emocionaba su llegada. Nuestra abuela nos preparaba platos deliciosos. Nuestro abuelo podaba el césped y arreglaba cosas en la casa y también en la iglesia. Nos enseñaba a trabajar la madera y a arreglar los automóviles. Nos llevaba a cazar y a pescar, además de llevarnos al colegio, a la iglesia y a todos los entrenamientos deportivos.

Más que nada, lo que querían asegurarse nuestros abuelos era de que nos sintiéramos amados. Eran las personas más generosas, los abuelos más cariñosos que cualquiera pueda tener. Estábamos muy apegados a ellos, una de las razones por las cuales nuestras cenas de Navidad con ellos cada año eran tan especiales. Una de las principales cosas que nos dieron nuestros abuelos y nuestros papás como regalo de Navidad fueron los recuerdos. No sólo recuerdos de tiempos felices y de diversión durante las vacaciones —claro que también había mucho de eso— pero cada año durante las fiestas, y en otros momentos también, compartían con nosotros relatos de sus vidas. Nos contaban cosas que no sólo nos daban un sentimiento más profundo de quiénes eran ellos, sino que los detalles que ellos recordaban los ayudaron a entender *quiénes* somos.

Te animo a hacer lo mismo con tus hijos y tus nietos, con tus sobrinos y sobrinas y con todos los jóvenes que tengas a tu cargo. En la Navidad, y durante el año, comparte tu vida con ellos. Enséñales lo que sabes. Guíalos para que no caigan en las mismas trampas en las que caíste tú. Y, sobre todo, hazles saber que son amados.

Mi abuelo era muy generoso en transmitirnos muchas cosas buenas. Sus habilidades para la caza y la pesca, sus habilidades mecánicas, su sabiduría, su inconmovible fe, su naturaleza generosa. Cada uno de los niños de nuestra familia se benefició en una u otra forma de las historias que nuestros padres y abuelos compartían con nosotros. No sólo nos compartían su amor y sus historias. Fuimos unos de los adolescentes más afortunados del mundo en cuanto a un regalo específico que siempre nos dieron. El abuelito Pilgrim no gastaba mucho en cosas materiales, pero amaba sus automóviles. Compraba uno nuevo cada tres o cuatro años. Claro que esto era en la época en que se podía comprar un automóvil nuevo por $3.000. Su pasión por comprar automóviles fue un bendición para mí y para mi hermano y mis hermanas.

Una Navidad, cuando Paul estaba a punto de cumplir dieciséis años, el abuelo nos anunció que se estaban preparando para comprar un automóvil nuevo, por lo que le daría su "automóvil viejo" a Paul. Nuestro abuelo no era precisamente uno de aquellos que se dedica a correr en sus automóviles y la abuela no tenía la menor idea de conducir, por lo que estas herencias eran automóviles prácticamente nuevos. El día que Paul cumplió dieciséis años, el abuelo Pilgrim le lanzó de un pase las llaves de su Buick Skylark 1967. El flamante carro era dorado con el techo blanco. No tenía aire acondicionado ni cinturones de seguridad, pero sin duda era mucho mejor que andar a pie. Lisa condujo ese mismo automóvil cuando estaba en la secundaria.

Tamara y yo compartimos otro vehículo que heredamos de nuestros abuelos. Era un Buick LeSabre verde. Lo llamábamos "el tanque" porque era enorme, pero no nos quejábamos. Bueno, yo me quejé un poco cuando en una ocasión Tamara se varó por falta de gasolina muy tarde en la noche durante el último año de la secundaria. El automóvil se apagó a unas pocas cuadras de nuestra casa, al pie de una colina. Ella caminó hasta la casa, me despertó a medianoche y me rogó que la ayudara a empujar el tanque que estaba sin gasolina. Fue una odisea porque ninguno de los dos medía más de 5 pies y nuestro peso en ese entonces no superaba las 110 libras.

Nuestros abuelos Pilgrim ya murieron, pero aún hablamos de su generosidad y su bondad. Pienso en ellos prácticamente cada día, sobre todo en época de Navidad porque era entonces cuando se reunía toda la familia, y echo de menos estar con ellos. Si tienes o has tenido abuelos como nuestros abuelos Pilgrim, sé que también sabrás apreciarlos aún más en esa época del año. Pero si no tuviste el don de tener una familia sólida y bondadosa, te animo a que le des ese regalo a alguien más. No tiene que ser un familiar, puede ser un amigo, un compañero de trabajo o simplemente alguien que conozcas, que esté solo o triste durante la Navidad.

EL TIEMPO Y OTROS TESOROS

Generalmente pensamos que los regalos de Navidad son los juguetes, la ropa o las joyas que compramos, envolvemos en papel y atamos con cintas, para colocarlos debajo del árbol e intercambiarlos con los demás miembros de la familia. Sin embargo, los ejemplos callados y los suaves colchones sobre los cuales aterrizar para amortiguar las caídas, eran algunos de los mejores regalos que recibíamos de nuestros abuelos Pilgrim. El mejor regalo que podemos ofrecer a otros es el regalo de nuestro tiempo. Una mano amiga, alguien que los sepa escuchar, unas sencillas palabras de aliento y respaldo, son regalos envueltos en amor y cariño. Pueden ser pequeños regalos que simplemente se entreguen de vez en cuando, pero a través de los años representan mucho.

La Escritura nos enseña que en cada oportunidad que tengamos debemos "obrar el bien con todos" (Gálatas 6:10 NASB). Me gustaría pensar que todos guardamos esto en nuestros corazones. La mayoría de nosotros queremos ser buenos con los que nos rodean, pero en esta época del año debemos pensar en hacer realidad ese sentimiento. Debemos ser proactivos y pensar: *¿A quién puedo bendecir hoy? ¿A quién puedo ayudarle a resolver sus necesidades? ¿Para quién puedo ser una bendición de Navidad?*

La Escritura nos advierte que en "los últimos días" el amor de la mayoría de las personas se apagará (ver Mateo 24:12 y 2 Timoteo 3:1–8). No sé tú qué pienses, pero estoy haciendo todo lo que puedo por permanecer encendido.

A veces podemos encontrar que nos hemos quedado atorados en un resentimiento que hemos alimentado hacia personas que nos han hecho mal. Es posible que caigamos en el error de guardar agravios y de sentir ira por los desprecios, las palabras hirientes o las malas acciones de las que podamos haber sido blanco. Quisiera animarte a que te deshagas para siempre de estos sentimientos negativos que no construyen nada. Has que esta Navidad sea la primera de muchas en las que aceptarás la gratitud como tu regalo. Piensa en aquellos que te promovieron y te animaron y conviértete tú también en un promotor y animador. Esta es también la mejor época para adoptar esa nueva actitud, porque es una época de felicidad, la fiesta en la que expresamos el agradecimiento por el don que Dios nos hizo en Su Hijo.

Todos nos sentimos ensimismados por nuestros problemas y preocupaciones. Es fácil mirar hacia adentro, aún durante la Navidad, a pesar de todo lo que hay que hacer. Pero también esta es una época del año en la que podemos tener un considerable impacto con pequeños gestos de bondad. Suelo recordar esto cada vez que pienso en mis abuelos. Dejaron a sus nietos un gran legado de cariño.

Todavía hablamos de las deliciosas tartas de ahuyama, de nueces y de carne que preparaba la abuela Pilgrim. Pero por buenas que fueran esas tartas, los abrazos de mi abuela eran aún más memorables. Era una mujer de constitución gruesa, con un enorme corazón y con el modo de ser más tranquilo y dulce que uno pueda imaginar. Cuando me abrazaba, sentía que me podía acomodar en sus brazos y quedarme allí por el resto de mi vida. La abuela Pilgrim era una abrazadora de talla olímpica. Paul dice que ser abrazado por ella era como si se lo tragara a uno una pila de blandas y esponjosas almohadas. Para un niño, la experiencia sensorial era casi abrumadora, porque además de los abrazos que lo dejaban a uno prácticamente inconsciente de felicidad, nuestra abuela siempre olía a cualquiera de las delicias que había estado cocinando ese día.

También era famosa por tararear dulces y pequeños sonsonetes para sí misma, mientras trabajaba en la cocina, en la casa, en el jardín o durante cualquier actividad que estuviera haciendo. De ella irradiaban pequeños suspiros de felicidad y paz. Era de espíritu alegre. Cuando hablaba, siempre había en su voz un rastro de risa, una pequeña carcajada contenida que se dejaba percibir a través de sus palabras. Todavía me parece oír su alegre risa y su acento suave: "Joel, cielo, ¿qué están haciendo todos?".

La abuela Pilgrim era una dama sureña muy tradicional que jamás tomaba el sol y nunca aprendió a conducir un automóvil. El abuelo Pilgrim moría por ella y se lo hacía todo —siempre le daba gusto. La esperaba y la esperaba. Podía demorarse toda la mañana alistándose para ir a la iglesia. Él le tenía un sobrenombre de cariño: Slowpoke (Lenteja).

En cambio nuestro abuelo no era lentejo para nada.

Era una de esas personas calladas, que iban directo a lo que iban, que siempre tenía uno o dos o una docena de proyectos en proceso en su taller y para arreglar en la casa. Sus actividades de esparcimiento eran la pesca y la caza. Nadie puede recordarlo en un momento de ocio.

Hay dos tipos de hombres: los que guardan las puntillas, las tachuelas y los tornillos en pequeños frascos de vidrio y los que no lo hacen. El abuelo Pilgrim pertenecía a los primeros, era muy organizado. Con frasco tras frasco cuidadosamente ordenados cada uno en su lugar en un taller que mantenía impecable como cualquiera lo podía constatar. Todavía tengo un juego de llaves que me regaló hace años. No conozco a muchas personas que sientan una emoción por una llave de "socket", pero yo me emociono cada vez que las veo.

A Paul le ocurre otro tanto, tal vez aún más que a mí. Nuestro abuelo tenía un lavamanos en su taller y era allí donde se afeitaba cada mañana. A Paul y a mí nos encantaba verlo afeitarse porque como todo lo demás que hacía, esta actividad involucraba un proceso cuidadosamente pensado, una rutina diaria que había perfeccionado hasta el punto de convertirla en una ciencia. Como la mayoría de los hombres de su generación, utilizaba una cuchilla de afeitar recta y se aplicaba crema de afeitar —de un tubo, no de una lata— con una estilizada brochita de afeitar. Todo lo que puedo decirte acerca de la relación de mi hermano con el abuelo Pilgrim es que Paul aún tiene la brocha de afeitar del abuelo Pilgrim. La guarda en una bolsa plástica sellada y de vez en cuando abre la bolsa para olerla, lo que despierta en él gratos recuerdos del tiempo que pasaron juntos.

Nuestra madre fue hija única y creo que nuestro abuelo veía en Paul al hijo que nunca tuvo. ¡Siete años después llegué yo como una bonificación especial en forma de nieto! Éramos realmente unidos, pero Paul tenía una relación muy especial con el abuelo. Papá viajaba mucho durante los años de adolescencia de Paul y nuestro abuelo materno venía a hacer de mentor y guía para él. Se desarrolló entre ellos una unión muy fuerte, un hombre de edad y su joven sombra.

Paul aprendió del abuelo Pilgrim a pescar, cazar y reparar el motor de un automóvil. Sus lazos de unión se fortalecieron más allá de lo común entre un abuelo y un nieto en ese tiempo. Mi hermano suele hablar con mucho amor de las salidas con nuestro abuelo Pilgrim a cazar venados durante los fríos inviernos.

"Recuerdo el maravilloso e indescriptible olor de la tocineta, los huevos, los panecillos y el café que preparaba antes del amanecer. Y recuerdo caminar con él en total oscuridad a través del bosque, hasta tres cuartos de milla para llegar al lugar de los venados", decía Paul. "Tenía apenas diez años y me aterraba la oscuridad y el bosque, adonde no me atrevía a salir solo, pero mientras tuviera mi pequeña mano enguantada en la de él, me sentía seguro y tranquilo".

El abuelo Pilgrim creció durante los años de la Depresión, y aquellos de su generación que sobrevivieron tienen la mentalidad de que en cualquier momento lo podrían perder todo, pero que de algún modo sobrevivirían. Fue una generación de rudos trabajadores, con gran determinación y una enorme lealtad a la familia, porque, con frecuencia, la familia era todo lo que tenían. Mi hermano, mis hermanas y yo nos beneficiamos muchísimo de los ejemplos que nos dieron nuestros abuelos y nuestros padres.

Sabes, Paul tiene un tractor John Deere, como el

que tenía el abuelo, y decía que le había puesto por nombre Roy, en memoria del "hombre más dedicado al trabajo que jamás haya conocido".

"Estoy muy agradecido por el tiempo que pude pasar con él", dijo Paul. "Me enseñó a cazar y a pescar, a limpiar una escopeta y a limpiar un pescado; me enseñó a cerrar un tronco ('con movimientos largos y parejos, Paul') y a clavar una puntilla, a cambiarle el aceite a un carro y a arreglar las bujías. El abuelo también me enseñó a gozar de las cosas sencillas: escuchando a los Astros por las tardes, bajo el cobertizo donde guardaba el automóvil, en esas enormes sillas de metal con forma de concha que pintaba cada tercer año; me enseñó a disfrutar del helado con soda preparado con Coca-Cola y a hacer helado casero en una pequeña máquina de manivela".

TRAGEDIAS Y TRIUNFOS

Nuestro abuelo aprendió todo eso por necesidad, porque quedó huérfano a muy corta edad y tuvo que defenderse solo. Era sorprendente que hubiera llegado a ser un hombre tan cariñoso y generoso, porque la vida fue muy cruel con él durante sus primeros años. Esto es sólo otro ejemplo de que, si logramos sobreponernos y superar cualquier circunstancia, sin importar de dónde vengamos, podremos encontrar un rumbo mejor.

El abuelo tenía apenas dos o tres años cuando murió su madre al incendiarse su casa por unos fuegos artificiales que prendió su hermano mayor. Estaba embarazada y al salir corriendo de la casa para escapar de las llamas, se tropezó y cayó lo que le produjo una hemorragia y murió. Mi pobre abuelo, que se crió en Pine, Texas, tuvo que enfrentarse a otra tragedia apenas unos pocos años después. Cuando tenía ocho años, su padre, un leñador, trabajaba en el aserradero cuando se desplomó con un intenso dolor en el estómago, probablemente su apéndice. Los demás trabajadores lo llevaron a la Scott and White Clinic en Temple, Texas. Murió allí pocos días después. La clínica envió un telegrama al tío de mi abuelo diciendo que enviarían el cuerpo a Pine en un tren e indicando dónde debía ir a recibirlo.

Mi abuelo y su tío prepararon la carreta, engancharon la mula y se fueron a la estación del tren. Llegaron al atardecer, cargaron el ataúd en la carreta, dieron la vuelta y llevaron al padre de mi abuelo a casa para enterrarlo. Con frecuencia Paul y yo hablábamos de lo triste que debió haber sido ese viaje para nuestro abuelo. Lo veíamos como un niño pequeño recorriendo todas esas millas en una carreta, en la oscuridad, llevando en la parte de atrás el cuerpo de su padre. Mi abuelo jamás olvidó ese triste recorrido —el traqueteo de la carreta, sus linternas que proyectaban sombras móviles en el denso y húmedo bosque y la parte de atrás, que llevaba las esperanzas y sueños truncados de su familia.

Aún hay una cruz de ocho pies de alto en honor a mi bisabuelo leñador, en el cementerio. Marca un momento trágico en la vida de mi abuelo. Al quedar huérfano, el abuelo pasó de un pariente a otro y a otro, durante un tiempo hasta que eventualmente llegó donde una tía y un tío. Ellos tenían sus propios hijos y, según nuestro abuelo, lo trataban mal. Decía que le daban dinero a sus hijos para ir a la ciudad pero él se tenía que quedar lavando su ropa. Lo obligaban a trabajar en el campo mientras que sus hijos iban a la escuela. Un día tuvo una fuerte discusión con su tía, y ella salió a perseguirlo con un palo. Mi abuelo se devolvió y se defendió. Después de esto, ya no lo recibieron más en esa casa.

Mi abuelo salió a buscar su propia vida a los quince años. Entró a trabajar con un grupo de obreros constructores de puentes. Estuvo allí dos años, hasta que su apariencia ya era la de un muchacho lo suficientemente grande como para mentir acerca de su edad y entrar a trabajar en una refinería de petróleo en Humble. Después se propuso hacer su vida no basado en lo que le había ocurrido sino en lo que aspiraba logar: una vida basada en la fe, la familia y la preocupación por su prójimo. Vivió esa lección y nos la impartía cada vez que se presentaba la ocasión.

"Cuando el abuelo y yo nos quedábamos por la noche en la cabaña durante las salidas a cazar, nos metíamos en nuestras bolsas de dormir y encendíamos las mantas eléctricas", contaba Paul. "Luego, el abuelo se sacaba los dientes postizos, lo que hacía que hablara diferente, pero a mí no me importaba. Me contaba una historia tras otra de todo lo que le había sucedido durante su niñez, cómo habían sido sus luchas por sobrevivir, cómo había superado la muerte de sus padres, tener que crecer con un tío malvado, haberse tenido que ir solo a los quince años para ganarse la vida. Me contaba también lo que había sido su experiencia en la construcción de puentes en los años veinte —el calor, el esfuerzo físico y el agotamiento. Era un hombre fuerte como el hierro. Algo que nunca hacía era quejarse; nunca adoptaba el papel de víctima. Era una persona estoica, con una tremenda fuerza de voluntad".

El abuelo Pilgrim trabajó treinta y siete años para la compañía petrolera, generalmente en el turno de noche, y siempre decía que no había faltado al trabajo ni un solo día. Construyó una pequeña cabaña blanca por $2.500 en Baytown, y allí vivió durante sesenta años. De niño, siempre me impresionó mi abuelo, pero ahora que ya tengo una familia propia, mi perspectiva ha cambiado un poco. He visto lo que se requiere para ser un buen esposo, un buen padre y simplemente una persona responsable que ama a Dios. Mirando atrás, veo que he tenido muchas ventajas en comparación con mi abuelo Pilgrim. Tanto Paul como yo no tuvimos sólo un padre bueno, amoroso, preocupado por nosotros, que nos apoyaba en todo; tuvimos dos. Creo que nunca me alejé mucho del camino recto y estrecho porque siempre había alguien allí para volverme a encarrilar.

Una vez decidió buscarse una mejor vida, nuestro abuelo se convirtió en un hombre bueno con la ayuda de Dios. No puedo imaginar lo difícil que tiene que haber sido para él estar sólo siendo tan joven; no contar con el amor y el apoyo que nosotros, como niños, dábamos por sentado. Una de las cosas maravillosas que hicieron nuestros padres y abuelos por nosotros fue contarnos acerca de sus vidas —de dónde vinieron y las personas y eventos que influyeron en ellos.

Éste es otro regalo de Navidad que puedes dar a tus hijos y nietos o a alguna persona joven que pueda beneficiarse de tu experiencia e incluso de tus errores, Comparte tu vida. Dales una perspectiva más profunda, no sólo la de su propia vida en el mundo.

Cuando nos reunimos para la Navidad, los miembros de mi familia suelen hablar de nuestros padres y abuelos y recordar sus historias. Otra cosa interesante es oír las historias de otros parientes más lejanos y ver que, aunque venimos de distintos lugares, muchas de nuestras experiencias son universales, en especial nuestras tradiciones navideñas.

El hermano de Victoria, Don Blof, está casado con Jackelyn Viera Iloff. La familia de Jackelyn no viene del área rural pobre de Texas, como la nuestra. De hecho, su historia familiar no puede ser más diferente. Los antepasados de Jackelyn se remontan un par de generaciones a España y las Islas Canarias, pero su abuelo Joseph Viera y su padre Jack eran nativos de Cuba. El padre de Jackelyn era uno de cinco hermanos cuyos padres eran dueños de un ingenio azucarero en un área rural de Cuba. También tenía una casa en La Habana, porque Joseph Viera fue un líder político durante los años veinte, antes de que el comunismo se apoderara de Cuba.

El padre de Jackelyn, Jack, y sus hermanos y hermanas, estudiaron en colegios privados en Florida, viajaban con frecuencia y llevaron una vida privilegiada hasta el derrocamiento del gobierno. Todos los niños Viera, a excepción de uno, fueron enviados con su madre Clara Rose a los Estados Unidos, por seguridad. Joseph y uno de sus hijos permanecieron en Cuba para intentar salvar sus propiedades y sus negocios. Sin embargo, al final tuvieron que irse también de Cuba debido a la revolución y a la inestabilidad económica. Los Viera perdieron sus casas, sus negocios y su país. La revolución destruyó a Cuba y después, las guerras causaron inestabilidad en los Estados Unidos y en el mundo entero.

Fue una época difícil; sin embargo, como millones de personas, perseveraron y construyeron una vida nueva a pesar de las difíciles circunstancias. No se dejaron vencer ni derrotar. Permanecieron unidos e hicieron frente a los retos. La familia de Jackelyn se mudó a California. Su padre se convirtió en ingeniero eléctrico para Pacific Bell Telephone. Su madre, Clara, que llegó a vivir hasta los 102 años, mantuvo unida a la familia, principalmente a través de su increíble fortaleza de carácter y su capacidad de amar y comprender.

"Lo más sorprendente fue su inconmovible voluntad de ver triunfar a sus hijos, su optimismo y su sólido sentido del deber y de la justicia", recuerda Jackelyn. "La bondad y generosidad que siempre tuvo para con sus amigos y vecinos fue inculcada profundamente en sus hijos, así como su inconmovible amor a Dios y su absoluta fe en que Él los ayudaría a salir airosos de todos los retos".

Como nuestra familia y muchas otras, los Viera mantuvieron sus estrechos vínculos por décadas celebrando juntos la Navidad. Sé que a veces es difícil para una familia diseminada por distintos lugares, lograr que sus miembros se reúnan para la Navidad, pero hay algo mágico y muy espiritual acerca de esta tradición. Cuando Jesús nació en el hogar de José y María, se convirtieron en una familia; por lo tanto, conviene celebrar la Navidad también en familia. Espero que lo hagas esta Navidad. Tómate el tiempo de agradecer a tus padres, a tus abuelos, a tus hermanos y hermanas, a tus tías, a tus tíos, a tus primos y a todos tus demás familiares. Pero comparte también la historia de tu familia con la generación más joven para que ellos algún día puedan entender que son eslabones de una cadena, parte de algo mucho más grande que ellos mismos, que tienen la responsabilidad de preservar las tradiciones familiares, los valores y la fe en Dios.

Jackelyn cuenta que, durante muchos años, los

Viera se reunieron en la casa de su madre para la cena de Navidad. Con frecuencia se reunían más de cincuenta niños, nietos, bisnietos, y otros miembros de la familia y amigos. Dedicaban días enteros a preparar la cena y los postres que reflejaban sus herencias española, cubana y americana. Los miembros mayores de la familia contaban historias de las vidas de sus antepasados y de sus propias vidas trasmitiendo así el conocimiento de que aún aquellos que lo han perdido todo, incluyendo su patria, pueden sobrevivir y, un día, alcanzar la prosperidad.

En la familia de los Viera hay otra tradición, trasmitida de Navidad en Navidad. Cada año, por esta época, el padre de Jackelyn pedía en la iglesia que le dieran los nombres de las familias necesitadas. Entonces, los adultos Viera y sus niños preparaban bolsas de alimentos y juguetes y las distribuían. El padre de Jackelyn viajaba todos los años al otro lado de la frontera con México llevando bolsas y cajas de zapatos, ropa, libros y juguetes para los huérfanos. "Así era como mi padre honraba y alababa a Dios por Su vida y por la vida de su familia", decía Jackelyn.

Jack Viera también era reconocido por ayudar a sus

parientes que pasaban por tiempos difíciles. Simplemente llegaba, arreglaba lo que tuviera que arreglarse, mientras su esposa limpiaba lo que necesitaba limpieza. A otros parientes, les ayudaban también monetariamente, cuando había alguna necesidad en la familia, pagando las cuentas, los mercados y los gastos de la educación de los hijos.

Esta tradición de preocupación por la familia es algo que forma ondas concéntricas que se propagan por décadas. En Mateo 25:40 (NLT) leemos: "En verdad les digo, 'Cada vez que hicieron esto por uno de los más pequeños de mis hermanos y hermanas ¡lo hicieron por mí!'". Jackelyn describe las Navidades de su familia como "espléndidas", no sólo por los platos típicos, los postres y los regalos, sino también espléndidas en el espíritu. "Es a través del espíritu de dar a los demás, del sentido de familia y de la acción de gracias a Dios que se crean los mejores recuerdos", dice. "¡Es el mejor legado!"

Eventualmente, los abuelos de Jackelyn Viera perdieron gran parte de su fortuna material, pero lo que dejaron en herencia a sus hijos fue un legado más valioso que el oro o la plata: la comprensión de que las bendiciones vienen en muchas formas, pero la mayor de ellas es el amor. Mis abuelos Pilgrim eran muy similares. El abuelo Pilgrim nunca ganó más de $15.000 al año. Sin embargo, solía hablarnos de la importancia de ahorrar, de saber gastar el dinero en la mejor forma y de siempre dar cualquier cosa que uno pueda dar a quienes pasan necesidad.

Dejó ese legado a sus nietos. Con frecuencia digo en mis sermones que si queremos cosechar buenas cosas debemos sembrar buena semilla, porque la Biblia dice que recogemos lo que sembramos. En la Segunda Carta de los Corintios 9:6…8 (NIV), se nos dice: "Recuerden esto: El que siembra escasamente, escasamente cosechará, y el que siembra en abundancia, en abundancia cosechará. Cada uno debe dar según lo que haya decidido en su corazón, no de mala gana ni por obligación, porque Dios ama al que da con alegría. Y Dios puede hacer que toda gracia abunde para ustedes, de manera que siempre, en toda circunstancia, tengan todo lo necesario, y todas las buenas obras abunden en ustedes".

El abuelo Pilgrim no sólo hablaba de la importancia de dar. Lo vivía. Llevaba un pequeño libro de contabilidad en donde registraba cada centavo, cada donación de caridad y cada suma de dinero, por pequeña que fuera, que le daba a alguien necesitado. Para un hombre de ingresos limitados, daba generosamente. Este libro de contabilidad, que aún conservamos, muestra que donaba dinero todas las semanas a su iglesia en Baytown y a la iglesia de nuestra familia en Houston. Él daba con alegría y Dios le enviaba abundantes bendiciones.

Todos esos años mi abuelo trabajó por un sueldo bastante escaso. Él y mi abuela vivían modestamente. No se medían en generosidad al dar ayuda a los demás, pero ahorraban en todo lo que podían. Nuestro abuelo sólo recibía una pequeña parte de su sueldo en efectivo y había pedido a la compañía que depositara el resto en acciones de un fondo de pensiones. Las acciones se convirtieron en acciones de Exxon Mobil y demostraron haber sido una excelente inversión. Para cuando dejó la compañía, el ahorro de su pensión había producido más de $1 millón. En una oportunidad me dijo que los cheques que recibía por dividendos eran por el doble de lo que había recibido como sueldo. Esta considerable suma de dinero dio a mis abuelos Pilgrim todo lo que necesitaban para vivir seguros y tranquilos el resto de sus vidas, pero siguieron llevando una vida modesta, siempre preocupados por ayudar a los demás.

El abuelo Pilgrim se jubiló a los cincuenta y cuatro años para que él y mi abuela pudieran pasar más tiempo con nosotros. Cuando no estaban ayudando en la casa, estaban ayudando en la iglesia local, en la iglesia de mi padre o a algún vecino. Siempre los podíamos encontrar podando un césped, arreglando una cerca o recableando una habitación para alguien. Él y mi abuela se sentían totalmente plenos cuando ayudaban a los demás.

Acompañé a mi abuelo un par de años al almuerzo campestre y al asado que la petrolera daba a sus empleados pensionados. Siempre me impresionó el respeto que los demás sentían por él y las amistades de años y años que había establecido con sus compañeros de trabajo. El abuelo, que para entonces estaba en sus ochenta, me presentó a un hombre de su misma edad y dijo:

—Empezamos a trabajar juntos cuando teníamos veinte años y seguimos siendo amigos.

Nuestra abuela Pilgrim murió en 1997 a los ochenta y siete años y, al año siguiente, la salud del abuelo comenzó a fallar. Estuvo dos semanas en el hospital. Todos íbamos a verlo cuando podíamos, pero creo que Paul fue casi todas las noches porque no podía soportar la idea de que el abuelo estuviera solo. Mi madre hizo los arreglos necesarios para sacarlo del hospital para que fuera atendido en su propia casa, donde murió en paz, rodeado por quienes siempre le retribuyeron el amor que él les había dado.

Me encanta la frase de John Bunyan que parece ser perfecta para los abuelos Pilgrim. Dice: "No habrás vivido hoy hasta que no hayas hecho algo por alguien que no te puede retribuir lo que le has dado". Siempre me ha parecido que es una hermosa cita, pero cuando me enteré de cual era el libro más famoso de John Bunyan puedo decirte que la piel de los brazos se me puso de gallina. Es el autor de *El progreso de los Pilgrim!!!*

EL REGALO DEL AMOR

Mi hermano, mis hermanas y yo jamás podremos retribuir todo lo que hicieron nuestros abuelos Pilgrim por nosotros. Como ya lo he dicho, hablamos de ellos siempre y los recordamos en especial durante la Navidad por lo que eran tan generosos y cariñosos. Creo que se podría decir que su presencia en nuestras vidas fue el mejor regalo de todos.

La Escritura dice que conocerán a los verdaderos cristianos por sus frutos (ver Mateo 7:15...23). No nos conocerán por las citas de las Escrituras que hagamos. Nos reconocerán como creyentes cuando vivamos como vivieron mis abuelos; cuando estemos ayudando a los demás, cuando estemos satisfaciendo necesidades y realizando buenas obras; cuando estemos bendiciendo a otros con nuestras palabras y acciones. Y recuerda, esas bendiciones se multiplican porque, con frecuencia, se trasmiten de una generación a otra. Son como joyas de la familia. Son regalos de Navidad que nunca pierden su valor. Regalos que fortalecerán aún más los vínculos de nuestra familia por muchos años.

"Tal como lo hizo para mí el abuelo Pilgrim", dice Paul, "llevo a mi hijo a cazar y tomo su mano mientras caminamos por el bosque, en el frío, mucho antes del amanecer. Le enseño a usar la sierra ('con movimientos largos y parejos, Jackson') y le enseño a cambiarles el aceite a mi tractor y a mi camión. Aún tengo mis propios dientes, pero cuento a mis hijos historias de mi niñez y también de la niñez de mi abuelo. Las cosas que me enseñó Roy Pilgrim, con sus palabras y su ejemplo, acerca de cómo vivir y acerca de la vida, beneficiarán a mis hijos y nietos tal como me beneficiaron a mí".

CAPÍTULO TRES

La Navidad perfecta

Mi padre fundó la Iglesia de Lakewood en 1959 y pasó la mayor parte de su vida construyendo y sirviendo a su congregación. Sin embargo, pocos se dan cuenta de que unos ocho años antes había dejado su cargo de pastor para difundir la Palabra de Dios en Filipinas y México. Papá fue un líder en el movimiento de renovación carismática y era un orador muy cotizado en esos países. A mediados y a finales de la década de los sesenta, se ausentaba con frecuencia del país para desempeñar trabajo apostólico durante varias semanas a la vez.

Mi hermano mayor Paul dice que, en esos días, le hacía tanta falta papá que pasaba horas enteras tendido en el césped al frente de la casa con unos binoculares mirando los aviones que llegaban al aeropuerto cercano de Hobby, preguntándose si vendría en uno de ellos. Otros días se iba en su bicicleta hasta el final de la calle, Mustang Trail, y se sentaba allí esperando ver llegar el automóvil de papá.

"No olvidaré jamás la emoción que sentí cuando por fin vi su Chrysler Imperial azul bajar por la calle, y me di cuenta que papá había llegado a casa", dijo.

Yo tenía cuatro o cinco años ese año que nuestro padre no llegó a casa para Navidad. Estaba en la India en un viaje de misión y perdió su vuelo de regreso. Hubo muchas caras tristes en nuestra casa esa mañana de Navidad. Mamá hizo todo lo que pudo para mantener nuestro entusiasmo, pero era fácil ver que también a ella le hacía falta.

Papá era una persona fuerte, amorosa y una presencia de cariño y seguridad en nuestras vidas, por lo que su ausencia dejaba un gran vacío. Además, era tal su alegría en la época de Navidad que la hacía aún más animada para nosotros. Todos los años nos llevaba a cada uno a comprar regalos, y su entusiasmo era tan grande como el nuestro cuando llegaba el momento de abrirlos. Cuando supimos que ese año no llegaría a casa a tiempo, abrimos unos pocos regalos y dejamos los demás debajo del árbol para cuando él pudiera estar con nosotros.

El año que mi padre no llegó a casa para Navidad no tuvimos una Navidad perfecta. Todos tenemos nuestra propia visión de la celebración ideal, ¿no es cierto? Soñamos que pasaremos las fiestas con nuestros seres queridos a nuestro alrededor, hablando, riendo, poniéndonos al día con los acontecimientos y compartiendo palabras de entusiasmo y apoyo. Imagino que la visión de una Navidad perfecta de casi cualquier persona espiritual incluiría un tiempo para la oración, junto con el tradicional intercambio de regalos y las grandes reuniones familiares.

No tener a papá con nosotros ese año para la fiesta nos hizo muy conscientes, tal vez por primera vez en la vida, de que no había garantía de una Navidad perfecta año tras año. Fue una especie de shock. En ese sentido éramos un poco consentidos, imagino yo. Teníamos la gran suerte de tener una familia unida y de llevarnos siempre muy bien unos con otros.

ESPERAR LA ALEGRÍA NAVIDEÑA

A medida que crecimos, nos fuimos dando cuenta, claro está, de que muchos tienen una Navidad menos que perfecta todos los años —los soldados lejos de sus familias, los padres que no pueden estar con sus hijos, cualquiera que se encuentre separado de sus seres queridos o que esté pasando una época difícil por enfermedad, desempleo o una relación problemática.

A veces es difícil que las fiestas cumplan nuestras expectativas. Tenemos grandes expectativas, y si las cosas no salen como lo esperábamos, nos desanimamos. Eso es normal, hasta cierto punto. En esos días te puede ser útil pensar en la primera Navidad, el día del nacimiento de Jesús y de lo humilde que fue. Probablemente, José y María no consideraron que el pesebre fuera el lugar perfecto para que naciera el Niño. Estoy seguro de que no les importó tener con ellos dos animales. Pero sólo piensa en la Navidad tan perfecta que llegó a ser: una Navidad para todos los tiempos.

Más de 2.000 años después, seguimos celebrando la Navidad...

COMPARTE LA ALEGRÍA

Mi padre siempre ayudó a nuestra madre a prepararnos Navidades maravillosas, aunque de niño él no tuvo unas Navidades muy felices. Pero no se lamentaba. En cambio, procuraba darnos algo mejor que lo que a él le tocó. Con frecuencia, papá nos decía que el punto culminante de las Navidades de su niñez era recibir las canastas de comida que se donaban a las familias más pobres de su ciudad. Nos decía que el pavo y los aderezos que venían en la canasta de caridad habitual de las Navidades representaban una de las mejores comidas que tendría durante el año. Debido a que la canasta de Navidad fue una bendición tan grande en su niñez, mi padre creó un programa de canastas navideñas en la Iglesia de Lakewood con las que se alimentaban cientos de familias cada año.

Todos los años en nuestra familia ayudábamos a

los miembros de nuestra iglesia a preparar y distribuir las canastas. Por lo general, llegaban más personas a pedirlas que el número de canastas que teníamos para repartir, pero de alguna forma siempre hubo suficiente para que cada uno de los que hacían fila se llevara una canasta. Lo considerábamos nuestro pequeño milagro navideño.

El programa de las canastas de Navidad de Lakewood se creó como resultado directo de las Navidades imperfectas que tuvo mi padre. Como un niño pobre que creció durante la depresión, tenía una comprensión profunda de las carencias de los demás y una fuerza que le impulsaba a ayudarlos. Las personas parecían entenderlo también así. No podría decirte cuántas veces algún desconocido necesitado aparecía sin saber de dónde y se acercaba a mi papá como si lo guiara una mano celestial. Cuando yo tenía unos quince años, viajé con mi padre al exterior durante nuestras vacaciones navideñas y fui testigo de uno de esos encuentros. Estábamos en una isla en Filipinas. El aeropuerto tenía una terminal con un techo de paja. Yo venía del quiosco y encontré a mi padre hablando con un joven con aspecto de *hippie*, de pelo largo y morral. Estaban enfrascados en una conversación profunda, lo que no era inusual porque a papá le gustaban todas las personas en general y disfrutaba escuchando sus historias.

De pronto mi papá sacó su billetera, extrajo un rollo de billetes —que más tarde me dijo que eran como $200— y se lo dio al muchacho con apariencia de *hippie*.

—¿Qué fue eso? —le pregunté cuando volvió a tomar su asiento en la terminal del aeropuerto.

—Comenzamos a hablar y me contó que intentaba volver a los Estados Unidos pero que no había hecho bien el cálculo del dinero que necesitaba y estaba aquí varado —me dijo—. Entonces le di dinero suficiente para que pudiera regresar a casa con sus padres para las fiestas. Yo no podía dejar de pensar, '*Qué pasaría si fuera un hijo o una hija mía, ¿no me gustaría que alguien le ayudara?*'.

Así vivía mi padre. Llevaba con él el espíritu navideño dondequiera que fuera y todos lo sentían. No fue muy feliz durante su niñez, pero parecía decidido a repartir toda la felicidad que pudiera durante su vida adulta. Sus Navidades de niño fueron bastante parcas según la mayoría de las normas, pero de estas fiestas imperfectas de su niñez, creó mejores días para otros con su generosidad, su espíritu y su carácter que lo llevaba a preocuparse por los demás.

Cuando esperas que te lleguen cosas buenas, das vía libre a tu fe. Entonces Dios puede obrar a favor tuyo para hacer que esas cosas se den. Mateo 21:22 dice: "Puedes pedir cualquier cosa en la oración, si tienes fe, la recibirás".

Nuestra Navidad sin papá nos hizo comprender cómo pueden sentirse de solos y perdidos algunos durante las fiestas en ciertas ocasiones. Como niños, es posible que demos por sentado que tenemos dos padres que están siempre allí para nosotros. Esa Navidad también nos dio un agradecimiento aún más profundo hacia nuestro padre, vimos lo que significaba para nosotros y lo que hacía por nosotros. De muchas formas pienso que todos nos unimos más esa Navidad porque nos dimos cuenta, más que nunca, de la importancia de la familia.

LA TRISTEZA CONVERTIDA EN ALEGRÍA

También podría decirse que nuestras Navidades imperfectas nos prepararon para otras que vendrían después. Mi hermana Lisa tendría un poco más de veinte años cuando un divorcio la dejó sola, herida y enfrentada a una Navidad muy difícil. Es verdad que Lisa no estaba sola, y lo sabía. Todos estábamos ahí para ella, animándola y procurando que estuviera contenta. Pero muchos saben cómo es tener dentro de sí un dolor tan grande que aún cuando estemos dentro de una habitación llena de personas que nos quieren y se preocupan por nosotros, nuestros amigos y nuestra familia, podemos sentirnos heridos y solos.

Cuando experimentamos ese tipo de dolor, hay que recordar que nada puede separarnos del amor de Dios. La Biblia dice que somos más que conquistadores a través de Él que nos ama. "Ningún poder arriba en el cielo o abajo en la tierra —de hecho, nada en la creación— podrá separarnos del amor de Dios que se revela en Cristo Jesús nuestro Señor" (Romanos 8:39).

Le dijimos a Lisa que todos estábamos con ella y que también Dios estaba siempre allí durante las noches más oscuras o los vientos más helados. A veces tenemos que recordar que en nuestros momentos de más necesidad, Dios nos acerca más a Él, nos acerca tanto que, aunque no podamos verlo, podemos saber que Él está ahí.

Lisa pasó la mañana de Navidad con nosotros, pero también pasó un tiempo lejos de la familia. Quería centrar su atención en algo que no fuera su atribulado corazón. Recordaba la forma como mi padre había tomado las Navidades imperfectas de su niñez y las había usado como inspiración para dar una Navidad más feliz a los demás.

Lisa había ayudado a preparar las canastas en Lakewood, año tras año. Siempre la había hecho sentir muy bien prepararlas y distribuirlas. Decidió entonces que en esta Navidad menos que perfecta para ella, haría cuanto pudiera por mejorar un poco el día de otras personas que estuvieran pasando por tiempos difíciles. Fue a un albergue de Houston para personas sin hogar y trabajó en el comedor de beneficencia durante medio día y parte de la noche.

"Había aprendido que una de las mejores cosas que podía hacer cuando mi situación no fuera la mejor era ayudar a los demás y satisfacer sus necesidades", dijo. "No me sentía bendecida, por lo que pensé que debería ser una bendición para otros".

Lisa quedó conmovida con la experiencia de servir a los hombres y mujeres que viven en las calles en total pobreza. Al igual que mi padre, no dejaba de pensar que estas personas eran hijos e hijas de alguien, hermanos y hermanas de alguien cuyas vidas habían sido desgarradas por la tragedia, las dificultades o la dependencia. Sirviéndoles, cambió su enfoque de lo que había perdido a lo que debía dar.

La Biblia dice que si compartimos nuestra comida con los hambrientos y damos albergue a los pobres, "tu luz brillará como la aurora y tu sanación llegará pronto". Así como las Navidades imperfectas de mi padre lo hicieron cada vez más consciente de las necesidades de otros, también Lisa aprovechó la oportunidad para llegar a otras almas atribuladas en su día menos perfecto.

NAVIDAD EN REABILITACIÓN
CON EL GRINCH

Mi amigo Matthew Barnett tuvo una experiencia similar a la de Lisa. Matthew es un pastor en una gran iglesia, The Dream Center en Los Ángeles donde sirve a personas desamparadas, adictas o cualquiera que necesite la presencia de Dios en su vida. Como podrás imaginar, los días de Navidad están lejos de ser los mejores, pero Matthew me contó que una de las fiestas más memorables que jamás haya tenido la pasó con un grupo de hombres que estaban en un programa de rehabilitación.

Varios de estos hombres estaban todavía en programas difíciles de desintoxicación. La mayoría no sabía a donde ir para pasar la Navidad. Sus familiares y amigos ya los habían dejado a su propia suerte. Los hombres con los que Matthew había decidido pasar la Navidad habían mirado a Dios para su salvación. Habían estado estudiando la Escritura, pero todavía les costaba trabajo sentir esperanza.

Suena como una escena bastante triste, pero en ese

ambiente lúgubre apareció un rayo de luz cuando los organizadores del centro de rehabilitación decidieron poner una gran película esa mañana de Navidad: *¡Cómo el Grinch robó la Navidad!*

Al principio Matthew se preguntó cómo responderían estos hombres deprimidos a la clásica película de dibujos animados, basada en el libro para niños de Dr. Seuss. Pensó que tal vez les parecería tonta e infantil, dada la situación.

Sin embargo, su respuesta fue la de unas personas necesitadas de risa y amor.

"La experiencia de ver la película fue divertida porque los hombres del centro de rehabilitación estaban tan recién llegados a su pasión por Dios que relacionaban todo en la película con su nueva esperanza en Cristo y sus experiencias pasadas", dijo el pastor. "En la conmovedora escena donde el corazón del Grinch se agranda, uno de los hombres gritó: "El Grinch encontró a Jesús!".

A los pocos minutos de que comenzara la película, dentro del centro de rehabilitación retumbaba un sonido nuevo: el de hombres adultos riéndose, comportándose como niños, diciéndose "amén" el uno al otro, riéndose se sus chistes y hasta llorando un poco cuando el Grinch fue rechazado y luego celebrando con vítores su regreso.

"No sólo estaban viendo una película, la estaban viendo a través de la experiencia de su propio dolor, sus propias pérdidas, y su propio triunfo y regreso a la vida", explicó Matthew.

El pastor lloró con ellos cuando vio la alegría que encontraron en el simple hecho de ver una película pues dijo que parecía que estuvieran teniendo una reunión de renacimiento. Sus espíritus estaban volviendo a nacer, volviendo a dejar entrar la alegría a sus vidas.

Matthew dijo que uno de los hombres que se reía y se divertía durante la película había vivido debajo de un puente durante diecisiete años. Otro había perdido a su familia debido a su adicción. Otro, que había sido adicto a la heroína, saltaba con la Biblia entre sus manos, animando al Grinch y diciéndole que siguiera rezando cuando el personaje cambió su vida en la historia de la película.

Después de la película, el ambiente en el centro de rehabilitación había cambiado por completo. Los

residentes se reían y hablaban de Jesús y las lecciones que habían aprendido del camino andado por el
Grinch para ir de la oscuridad a la luz. Matthew dijo
que la mayoría de estos hombres lo habían perdido
todo. Habrían podido quedarse amargados, furiosos
y sin esperanza, pero el día de la Navidad, pudo ver
cómo Dios actuó en sus vidas.

Matthew dice que esa fue una de las mejores Navidades de su vida.

"Había ido ese día con la intención de inspirarlos,
darles ánimos y levantarlos", dijo. "Pero fue el pastor
y el maestro el que salió inspirado. Esa Navidad fue
especial y no intercambiamos un solo regalo. Mi regalo, ese día, fue el regalo de la perspectiva".

Tal como lo presenció Mattew, verdaderamente
no importa cuanto hayas perdido, de cuantas cosas
te arrepientas o cuantas veces hayas tirado la toalla.
Cuando tienes a Jesús en tu vida, lo tienes todo. El
hecho de tener a Jesús es todo lo que necesitas para
cambiar el rumbo de tu vida.

FE, ESPERANZA Y FAMILIA

La soledad y la tristeza pueden llegar a afectarnos a todos y las fiestas suelen hacer que el dolor sea más intenso. Nuestro hermano Paul dijo que jamás olvidaría otro día de fiesta cuando se sintió terriblemente solo. Era soltero y acababa de terminar con su novia. Intentó distraerse comenzando un proyecto de construcción en el patio trasero de su casa junto con un amigo. Su amigo le preguntó inocentemente: "¿Tienes planes para la Navidad?".

Paul no respondió porque no tenía planes y el sólo hecho de pensarlo lo hizo sentir aún más solo, de modo que "tal como lo hacen los hombres, seguí martillando y serruchando tratando de ahogar mi dolor". Aún estaba trabajando cuando llegó el hombre de UPS y rodeó la casa hasta la puerta principal. Traía una enorme caja de los dulces favoritos de Paul junto con una nota de nuestra hermana menor Tamara cuyo sobrenombre familiar es Roo-Roo.

"Te quiero y te extraño. Feliz Navidad", decía su nota.

Paul recuerda que esos fueron los chocolates más dulces en uno de los momentos más amargos de su vida, porque no sólo le recordaron que merecía amor sino que realmente quedó fascinado por el regalo sorpresa de Roo-Roo, un gesto pequeño y muy pensado que produjo un gran cambio en la perspectiva de Paul. Hizo que reviviera en él el espíritu navideño.

Mi hermano siempre bromea diciendo que cuando yo nací, mi "termostato de felicidad" estaba graduado en 99 mientras que el de él estaba en 15. Lo cierto es que Paul es un médico cirujano muy comprensivo y cariñoso que trabaja tanto que a veces se siente agotado y agobiado. No me cabe duda de que te habrás sentido así alguna vez. Uno se cansa hasta el punto de que escasamente puede levantar los brazos, menos aún el ánimo.

Una Navidad, Paul trabajaba como médico de cabecera en Little Rock. Para entonces ya se había casado, tenía tres hijos pequeños y ya sabes cómo son las cosas, no había podido dormir mucho entre un bebé y otro con la necesidad de cambiar sus pañales y las emergencias en el hospital. No fue la Navidad más perfecta en ese momento porque Paul no pudo entrar en el ambiente navideño. Estaba demasiado cansado. Agotado.

Luego, apenas unos días antes de Navidad, una mujer mayor de nombre Ella vino para un chequeo. Había sido sometida a una operación menor. Paul la conocía desde hacía años y sabía que había quedado viuda apenas unos pocos meses antes. Esperaba que Ella estuviera triste y aún en período de duelo, en cambio se encontró con una mujer que emanaba una "calma pacífica", contaba mi hermano. "Simplemente parecía irradiar serenidad", recordaba Paul.

Ahora bien, Paul tenía ese día un horario muy recargado. Se le estaba haciendo tarde para una operación programada de otro paciente. Sintió que estaba acelerando el examen de esta paciente y, cuando estaba por terminar, se dio cuenta de que ella quería decirle algo.

Le sorprendió ver que su comentario no tenía nada que ver con sus dolencias o sus preocupaciones, sino con él.

—Dr. Paul, ¿cómo está? —le preguntó.

Paul respiró hondo y se disculpó por la forma acelerada en que actuaba. Le explicó que estaba muy atareado con las responsabilidades para con sus bebés en casa y para con sus pacientes en el trabajo.

—Sólo quisiera tener más tiempo para todos —dijo Paul, y luego, en un gesto de amabilidad, agregó—: Ella, ¿hay algo que realmente desees para estos días?

Ella lo observó por un minuto y Paul vio cómo se iluminaban sus ojos.

—Dr. Paul, daría cualquier cosa por estar en su lugar en este momento en el que usted se encuentra, como un padre joven —le dijo—. Daría cualquier cosa por oír el ruido de pequeños pies o cambiar un pañal, o volver a preparar los biberones para mis bebés. Es algo que realmente echo de menos.

Esta sabia mujer volvió a poner en marcha el reloj de Paul esa Navidad. Le recordó que debía actuar con más calma, vivir el momento, disfrutar y agradecer cada minuto de su vida como padre.

"Me dijo que un día miraría hacia atrás y echaría de menos las mismas cosas con las que intentaba apresurarme ahora; ser padre y ocuparme de mi familia", dijo. "Y me di cuenta que estaba viviendo los mejores días de mi vida ahí en ese momento y que debía valorarlos tal como venían".

Todos nos sentimos abrumados y agotados de vez en cuando. Pero debemos procurar que la vida no se nos convierta en una situación tan intensa que perdamos las alegrías de vivir. Debemos recordar que Dios nunca nos dijo que sólo deberíamos estar ocupados. No, por el contrario, nos dijo que diéramos fruto. Que fuéramos responsables y que, en oración, hiciéramos un inventario de las actividades de nuestra vida. Debemos invertir sólo en aquellos que nos brindan paz y felicidad. Al hacerlo podremos experimentar las abundantes bendiciones de Dios ¡en todas las áreas de nuestras vidas! La sabia paciente de Paul le ayudó a darse cuenta de algo que todos debemos recordar, no sólo en la Navidad sino día tras día, en los días perfectos o imperfectos. Como dicen los Salmos: "Éste es el día que hizo el Señor; sea nuestra alegría y nuestro gozo".

NUEVA VIDA Y NUEVAS TARTAS

Al igual que muchas personas que tienen problemas durante la Navidad, a Gabriela se le estaba haciendo difícil estar alegre a medida que se acercaba la Navidad de 1992. Ella había recorrido un largo camino de fe desde que había acabado su matrimonio.

El matrimonio se acabó poco después de comprar y de mudarse a su primera casa con sus dos hijas pequeñas de menos de seis años. Con el corazón destrozado y deprimida, Gabriela no sabía cómo iba a poder conservar su casa y mantener a sus hijas. También se preguntaba si algún hombre la desearía jamás, a ella y a sus dos niñas.

Al principio, esta madre de dos hijas recién separada dejó que las voces negativas la llevaran a una depresión. Cuando sus hijas iban a visitar a su padre los fines de semana, Gabriela permanecía en casa, con las cortinas cerradas, bebiendo y fumando. Iba por mal camino. Gabriela no quería que sus padres ni los demás miembros de su familia supieran de su separación, por lo que se aisló de ellos justo cuando más necesitaba su cariño y su apoyo.

Se acercaba ya la Navidad cuando recibió la noticia del embargo de su casa. Además, el banco amenazaba con reclamar la tenencia de su automóvil. Su ex esposo siempre se había ocupado de los aspectos financieros. Gabriela no tenía la menor idea de lo que debía hacer. Su sueldo apenas le alcanzaba para pagar las cuentas de servicios y el mercado semanal. En un momento dado, se encontró buscando frenéticamente dos medias que hicieran juego para la menor de sus hijas porque no tenía suficiente dinero para comprar otras nuevas.

Gabriela siempre había sido una persona alegre, conversadora y divertida. Sin embargo, la terminación de su matrimonio y sus problemas financieros la llevaron al desánimo y la desesperación. En sus momentos más oscuros, pensó en suicidarse.

Una de sus compañeras de trabajo intentó establecer comunicación con ella, compartiendo la Escritura y animándola a pedir las bendiciones de Dios. Invitó a Gabriela a que asistiera un domingo a la iglesia. Vinieron a Lakewood, donde mi padre la recibió y le dio ánimo. De niña había aprendido que Jesús murió en la cruz, pero nunca había entendido la profundidad del dolor que Él soportó por nuestros pecados. Cuando oyó hablar de Sus sufrimientos, Gabriela sintió que le debía a Jesús la mejor vida que pudiera crear.

En ese mes de noviembre de 1992 aceptó al Señor como su Salvador. Era tal su sentimiento de alivio y gratitud que le prometió a mi padre que dedicaría un año de su vida a Lakewood. Cumplió su promesa. Papá solía decir que siempre que abría las puertas, ahí estaba ella, esperando entrar, ponerse de rodillas y orar.

Gabriela encontró en Lakewood un ambiente de paz. La presencia de Dios en su vida renovó su espíritu y le dio fuerzas. Lloró durante la primera o las dos primeras semanas de servicios. En retrospectiva, recuerda haber pensado: *"Dios me estaba limpiando, me estaba lavando de adentro hacia afuera"*.

Se dio cuenta de que ella y sus hijas no sólo tenían el amor de su familia sino el amor del Padre que está en el cielo. Un día en la iglesia, papá dio un mensaje de esperanza, y Gabriela dice que se sintió tan fuerte que podría haber conquistado el mundo. Mientras más aprendía de la Escritura, más era su hambre de la Palabra de Dios. Leía la Biblia cada vez que tenía un momento libre y decidió cambiar y mejorar su vida, un día a la vez.

Gabriela había tenido un cambio, pero se acercaba el día de Navidad y aún no tenía dinero para dar a sus hijas la Navidad que ella sentía que merecían. Lo dejó en las manos de Dios, confiando en su fe recién descubierta. Luego, apenas una semana antes de Navidad, recibió una llamada de su hermano y su cuñada.

—Queremos que vengas con nosotros a hacer compras de Navidad para tus niñas —le dijo su hermano—. Nosotros pagamos.

El hermano de Gabriela no era un hombre rico. Tenía un hijo. Pero quería ayudar a su hermana en este momento de necesidad. La Escritura dice que si buscamos primero el Reino de Dios y vivimos rectamente, Él nos dará todo lo que necesitamos (ver Mateo 6:33). El Señor proveyó para Gabriela. Ella, su hermano y su cuñada fueron de compras de Navidad y compraron una casa de muñecas totalmente amoblada para sus hijas. Gabriela empacó cada una de las piezas del mobiliario por separado para que las niñas pudieran gozar de la experiencia de desenvolverlas una a una.

"Las niñas recibieron todos estos paquetes para abrir y, a la vez, tuve la enorme felicidad de ver sus caras de dicha", dijo. "Creo que así se siente el Señor cuando nos da lo que queremos. Él es un Padre bueno que desea bendecirnos. Él dice en Filipenses 4:19 que 'Dios que se ocupa de ti satisfará todas tus necesidades con Sus gloriosas riquezas, que nos han sido dadas en Jesucristo'".

Ahora, Gabriela es la fotógrafa de planta de la Iglesia de Lakewood. Se casó de nuevo, tiene cuatro niños y está otra vez llena de alegría y entusiasmo. Cuando las cosas se veían negras para ella, al principio se tambaleó, pero luego, como ella dice, "Corrí hacia Dios y voy camino al cielo; tengo verdadera paz y verdadero gozo. Dios quiere bendecirnos en forma excesiva, abundante, más allá de todo lo que podamos pedir, pensar o siquiera imaginar".

Tal vez estés pasando una época de Navidad que parece menos que perfecta, pero te animo a enfocarte no tanto en lo que falta, sino en lo que hay; no en lo que no tienes, sino en lo que tienes; no en lo que desearías tener sino en lo que realmente tienes. Alégrate, agradece el día que ha hecho el Señor y ¡hazlo tan perfecto como puedas!

Si haces esto, tal vez te sorprenda lo que ocurrirá. Es posible que termines teniendo una Navidad mucho mejor que la que creíste posible. Lo cierto es que, por más que hagas planes para una época de Navidad perfecta, sólo Dios puede crear la perfección. A veces su visión de lo perfecto es distinta de la tuya. A veces es posible que tenga un camino totalmente diferente para la Navidad perfecta que el que tú tenías en mente.

Sheila, quien forma parte de nuestro equipo editorial, descubrió la verdad de estas palabras hace apenas unas pocas Navidades. Estaba a cargo de traer los postres para dos fiestas, una cena de Nochebuena para su familia y una comida de Navidad con la familia de su esposo. Veinte personas habían ordenado tartas para esas comidas. Sheila es muy organizada, por lo que una semana antes de Navidad ordenó siete tartas —dos de nueces, dos de ahuyama, dos de queso y una de limón con merengue— en su panadería favorita en Dallas, donde vive.

Sheila tenía muchas cosas que hacer en la víspera de Navidad, por lo que ella y Anna, su mamá, hicieron planes para recoger las tartas al atardecer. No habían contado con que Dallas estaría anegada por una tormenta muy fuerte ese mismo día. Madre e hija avanzaron bajo la lluvia y el hielo y la nieve hasta la panadería justo antes de que ésta cerrara temprano para la fiesta. Pero cuando entraron, Sheila sintió una oleada de pánico.

Por lo general, todos los estantes y mostradores de esta panadería permanecían llenos de tartas, tortas, galletas y bizcochos. Lo único que Sheila podía ver eran migajas, y no muchas, regadas por todas partes. Su temor tampoco se redujo al ver dos adolescentes detrás del mostrador. No parecían interesados en lo más mínimo por atender a Sheila en este momento de pánico de tarta. De hecho parecía que intentaban salir sin ser vistos justo cuando ella y su madre entraron a la pastelería.

Cuando vieron a las dos clientas entrar por la puerta, los dos jovencitos se escondieron en un cuarto atrás, después de uno o dos minutos, uno salió de su escondite pero no las quiso atender, por el contrario, estaba muy atareado barriendo. La madre de Sheila se preguntó en voz alta si le ocurriría algo al muchacho.

Por último, él las miró y dijo:

—Lo siento, Señoras, se nos agotó todo.

Entonces Sheila le entregó el recibo del pedido de las siete tartas y el muchacho movió la cabeza en señal de negación y dijo:

—No tenemos registrado este pedido, lo siento.

Visiones de docenas de platos de postre vacíos y un número igual de niños decepcionados pasaron por la mente de Sheila.

—Ordené siete tartas. Tengo el recibo. ¿Cómo me puedes decir que no está registrado? —preguntó.

El muchacho que estaba tras el mostrador no contestó. Sheila le dijo que ella y su madre no se irían de allí hasta que les entregaran sus tartas.

Fue una muestra de protesta en la sección de pastelería.

Otra clienta acababa de entrar del frío ambiente exterior durante este acalorado intercambio de palabras. En el espíritu navideño, ella intentó mantener la paz en la tierra, o al menos en la pastelería.

—Rezaré para que encuentren algunas tartas de Navidad —le dijo a Sheila y a su madre.

Ellas la miraron enfurecidas y pensaron: *No necesitamos oración, ¡necesitamos tartas!*

—Sé que la oración da resultado —dijo la mujer, manteniéndose firme en su declaración.

Sheila y Anna salieron sin las tartas, decepcionadas, a buscar su automóvil bajo remolinos de nieve. Entonces Anna tuvo una idea.

—¡Llamemos a The Lovin' Oven! —sugirió.

—Mamá, eso queda al otro lado de la ciudad, ya es tarde, pronto terminará el día de Nochebuena. Es probable que ya hayan cerrado por la fiesta —dijo Sheila—. Además, estamos en medio de una tormenta de nieve.

—Hija, los momentos desesperados piden medidas desesperadas.

Sheila sacó su teléfono celular y llamó a la panadería en Lancaster, un suburbio al sureste de Dallas, a unas 25 millas de la pastelería donde no había tartas.

—Feliz Navidad le desea The Lovin' Oven, ¿en qué le puedo ayudar? —dijo la voz del otro lado de la línea.

Sheila prácticamente no podía hablar, por la angustia:

—Soy la encargada de llevar los postres a dos fiestas de Navidad y otra pastelería confundió mi pedido. No tengo tartas para Navidad. Necesito tartas. Sé que es tarde, pero, por favor, ¿tiene algo? ¿Cualquier cosa?

—Permítame un momento y miro —dijo la dependiente de The Lovin' Oven.

La nieve cubría el parabrisas. El viento soplaba con fuerza. Sheila y Anna esperaron el informe de las tartas. Cuando la señora de la pastelería respondió, Sheila no podía creer lo que oía.

—¿Me quiere repetir eso de nuevo? —dijo, con un nudo en su garganta y lágrimas en los ojos—. No sé si la escuché bien.

—Mi querida señora, le dije que nos quedan siete tartas: dos de ahuyama, dos de nueces, dos de queso y una de limón con merengue.

¡Fue el milagro de las tartas de Navidad!

La pastelería The Lovin' Oven tenía *exactamente* las tartas que Sheila había ordenado a la otra pastelería.

—Por favor, por favor, no vaya a cerrar todavía

—dijo Sheila—. ¡Llegaremos allá tan rápido como podamos!

—Aquí la esperamos, Señora; ¡maneje con cuidado!

Media hora después, Sheila y Anna entraron empapadas a The Lovin' Oven. Los empleados las saludaron como a héroes cuando entraron. Las siete tartas ya estaban en sus cajas, listas sobre el mostrador.

—¡Feliz Navidad! —dijeron al unísono.

¡Un momento! Hay más.

Siempre les digo a todos que si mantienen la fe, Dios los puede bendecir con más de lo que habían esperado o con más de lo que habían pedido en sus oraciones, ¿no es cierto? Bien, era la víspera de Navidad. The Lovin' Oven estaba preparándose para cerrar durante las fiestas. Por lo que el personal no solamente les entregó las siete tartas perfectas sino que además desocuparon los mostradores y les dieron a Sheila y a Anna una enorme tarta para fiesta suficiente para treinta personas —¡y dos docenas de galletas de Navidad!

—Gracias, Señor —dijo Sheila mientras volvían a casa.— ¡Una vez más te has excedido en generosidad!

EL FINAL PERFECTO

Pon tu fe del lado positivo de las cosas. Céntrate en vivir una vida victoriosa en vez de revivir los errores y fracasos del pasado. Dios quiere mostrarte Su bondad; Quiere que vivas en la fe, no en el temor. Aún si tu situación es mala, espera que llegue a ser mejor de lo que era antes.

Creo que la lección de estas historias de Navidades "imperfectas" es que la gran mayoría terminaron siendo perfectas de manera muy inesperada. Tantas veces, lo que no parece ser la situación perfecta termina siento hasta mejor de lo que hubiéramos imaginado. Espero que tengas una Navidad perfecta pero si al comienzo no parece serlo, sólo recuerda que no sabes lo que Dios te tiene preparado. ¡Es posible que aún esté envolviéndote el regalo de la mejor Navidad, sólo para que lo abras más tarde!

CAPÍTULO CUATRO

La vajilla de Navidad

Cada vez que visitamos la casa de mi madre y veo el gabinete de la vajilla en el comedor, recuerdo una Navidad de hace años, una de las más difíciles que mi familia haya tenido que pasar. Sin embargo, al recordar esa época de Navidad, todos nos sentimos agradecidos porque los retos que enfrentamos nos convirtieron en una familia aún más unida y aprendimos algunas lecciones importantes acerca de conservar la fe y creer en el plan que Dios tiene para nosotros.

El gabinete del comedor de mamá guardaba una hermosa vajilla que todos sus hijos le compramos para la Navidad en 1981. Por algún tiempo había estado deseando tener una vajilla bonita para usarlas en nuestras reuniones familiares, por lo cual decidi-

mos unirnos y comprársela. Este regalo tenía un significado aún más profundo. Le regalamos a mamá esa fina vajilla como símbolo de nuestro convencimiento de que estaría con nosotros por mucho, mucho tiempo —lo suficiente como para que los elegantes diseños decorativos se borraran totalmente de las tazas, las bandejas y los platos.

Bien, ese invierno de 1981 nuestra madre enfermó —nunca había estado tan mal. Fuera de una leve crisis de polio, de la que se recuperó totalmente, mamá siempre había sido una persona muy sana, la persona más activa y más fuerte. Paul dice que siempre pensó que estaba hecha de "puntillas de hierro".

Mamá tenía apenas cuarenta y ocho años y su perspectiva era una vida en la que ya ninguno de sus hijos viviría con ella. Paul y yo estábamos en la universidad, Lisa y Tamara vivían independientes. Sólo nuestra hermana menor April quedaba entonces en casa, y estaba en la secundaria, por lo que todo era ahora más tranquilo. Mis padres comenzaban a hacer planes para viajar con más frecuencia y visitar juntos sus lugares favoritos.

De hecho, hicieron un viaje a Tulsa, Oklahoma, la

primera vez que mi madre se sintió enferma. Habían sido invitados a un evento en Oral Roberts University. Paul estaba estudiando medicina allí, iba ya en su cuarto año y yo acababa de iniciar mi pregrado, por lo que también estaban ansiosos de vernos, bien, ¡al menos *a mí!*

Mis padres lo pasaron muy bien durante el primer día de su visita. Sin embargo, esa misma noche, mamá enfermó con escalofrío y fiebre. Los síntomas empeoraron durante los días y las semanas siguientes. Se sentía agotada, no podía dormir. Se puso tan amarilla que sus médicos preguntaron si había estado comiendo mucha zanahoria o ahuyama. Transpiraba mucho en las noches y tenía fuertes dolores de estómago, como si la estuvieran apuñaleando.

Mamá no es de las que se quejan. Trató de continuar con su trabajo de la casa y seguía asistiendo a los servicios en la iglesia, pero estaba tan débil que un domingo no tuvo fuerzas para ponerse de pie y arrodillarse durante el servicio. Tuvo que apoyarse en una silla para poderse levantar. Mamá era enfermera registrada, por lo que sabía que algo andaba mal y que era grave. Cuando ya la Navidad estaba cerca, fue a consultar a un doctor en Houston. Él le dijo que se hospitalizara para hacerle unas pruebas. Esperaba estar allí dos o tres días. Su hospitalización duró veinte días.

Inicialmente los doctores pensaron que tendría algún virus exótico que había podido atrapar en uno de sus viajes de misión con mi padre a la India. Le dieron todo tipo de medicamentos, lo que sólo la hizo sentir deprimida, nauseabunda y confundida. Las pruebas no detectaron bacterias, amebas o parásitos, por lo que descartaron ese diagnóstico.

Eso fue un alivio porque el tratamiento la estaba haciendo sentir aún peor, pero los doctores todavía no sabían cuál era la causa de la fiebre y el dolor. Por último, decidieron hacerle un examen de sangre para ver si había señales de cáncer, aunque uno de los doctores dijo que estaba seguro de que no había nada maligno en su cuerpo.

Esa fue la primera vez que se mencionó la palabra cáncer en cualquier sentido, y esto realmente la derrumbó. Desde hacía mucho tiempo daba gracias a Dios por haberla librado de una enfermedad grave, y al principio mi madre se negaba a que cualquiera siquiera utilizara la palabra *cáncer* en su presencia. No quería darle ningún poder sobre ella.

—¡No voy a tener cáncer! —insistía.

Pero, faltando dos semanas para Navidad, uno de los doctores detuvo a mi padre en el pasillo del hospital y le dijo que las pruebas habían detectado cáncer metastásico en el hígado. Dijo que seguirían tratándola, pero que era probable que viviera sólo unas cuantas semanas más. El hígado es el filtro de nuestro suministro de sangre, por lo tanto, cuando el cáncer llega al hígado, encuentra un abundante suministro de nutrientes y se desarrolla rápidamente. La quimioterapia no se considera una posibilidad en estos casos, explicó el doctor.

Mi padre quedó abrumado. Lo primero que hizo fue llamar a mi hermano Paul, que entonces estaba por terminar su año de rotación en el cuarto año de medicina en el Hospital Hermann, a más o menos media milla del hospital donde estaba mi madre. El oyó claramente cuando mi padre le dijo que debía venir para estar con mamá.

En ese entonces, Paul trataba a varios pacientes con cáncer y había venido haciendo muchos estudios de investigación. Era muy consciente de que las personas que sufrían de cáncer del hígado generalmente no vivían mucho tiempo. Cuando nuestro padre llamó y le dijo que mamá tenía cáncer, Paul pasó de ser un doctor en capacitación, que procuraba permanecer profesionalmente desprendido de sus pacientes con cáncer a convertirse repentinamente en el hijo abrumado emocionalmente ante la preocupación del diagnóstico de su madre con esa misma enfermedad.

Mi hermano corrió todo el camino hasta el hospital. Cuando llegó al piso de la habitación de mi madre y vio a mi padre en el corredor, afuera de su habitación, Paul no se pudo contener, comenzó a llorar sin consuelo.

Era la primera vez que cualquiera de nosotros se enfrentó la posibilidad de perder a uno de nuestros padres. La idea de que mamá estuviera muriendo parecía imposible, y de alguna forma el hecho de que todo esto sucediera durante la Navidad parecía aún más desconcertante. La Navidad había sido siempre una época feliz para nuestra familia, como lo es para casi todo el mundo. Inclusive cuando nuestras vidas nos alejaron de la casa paterna, siempre nos reuníamos en esta época del año para compartir nuestras bendiciones y dar gracias por todo lo que teníamos.

En un momento dado, recuerdo haber pensado que no era justo que nuestra madre se viera obligada a enfrentarse a una situación así en una época tan especial del año. Pero entonces pensé algo más: *Esta es la mejor época, porque estamos todos juntos. Estaremos allí para apoyarla y para demostrarle nuestra fe y nuestro amor. Podemos tranquilizarla y hacerla que piense en otras cosas que no sean su enfermedad, centrándose en el nacimiento de Jesús y en todas las bendiciones de Dios que esperamos con ilusión.*

El sólo hecho de pensar que estaríamos dándole valor a nuestra madre era algo extraño, porque ella había sido siempre la persona eficiente, el motor incansable que nos hizo avanzar por la niñez y nos mantuvo firmes durante la adolescencia y más allá, lo que hacía que fuera aún más difícil verla luchar en esa Navidad de 1981.

Yo estaba en la universidad, preparándome para venir a casa para Navidad, cuando Paul me llamó para decirme que mamá estaba enferma. No me explicó ni me dijo lo grave que era. Pensé que era extraño que estuviera enferma, porque siempre había sido la persona más sana de nuestra familia. No recuerdo haberla visto nunca en cama ni hospitalizada. Prácticamente no recuerdo ningún momento en que siquiera se sentara mientras fuimos niños. Siempre trabajaba en la casa, en el jardín, en el colegio o en la iglesia.

—¿Tiene influenza o algo así? —le pregunté a Paul.

—No Joel, está realmente enferma; ya te contaré más detalles cuando llegues —me respondió.

Papá me esperó en el aeropuerto y, a decir verdad, pensé que él también estaba enfermo. Parecía treinta años más viejo que la última vez que lo vi, apenas un mes atrás en el Día de Acción de Gracias. Se movía en cámara lenta, como si estuviera llevando una carga tan pesada que el peso podía derribarlo en cualquier momento.

—Joel, tu madre tiene una enfermedad muy grave, y es posible que no se reponga —fue todo lo que dijo en respuesta a mis preguntas.

Mi hermano y mis hermanas estaban todos reunidos frente a la chimenea en el salón familiar cuando llegamos a casa. Mi padre nos habló acerca del cáncer y de cuánto tiempo de vida decían los doctores que tenía. Después todos oramos.

Ya estaban colocados algunos de los adornos de Navidad, lo que le daba un aspecto más surrealista a este sombrío momento. Tuve que recordarme que Dios tiene un plan para nosotros y que debíamos aprovechar lo mejor posible esta Navidad para mostrarle a nuestra madre nuestro amor por ella y nuestro amor entre nosotros. También expresé gratitud por las muchas, muchas Navidades que habíamos tenido, tan felices y tranquilas.

Papá nos dijo que teníamos que confiar en Dios y permanecer firmes en la fe y orar por nuestra madre para superar este reto. No cabía duda de que era una mujer fuerte, pero ninguno de nosotros tenía la menor idea de hasta qué punto llegaba la determinación de nuestra madre para mantenerse firme contra esta amenaza de muerte.

LA LUCHA

Las células cancerosas metastásicas son las que se han difundido a partir de un tumor que se encuentra en otra parte del cuerpo. Los doctores dijeron que no podían detectar el tumor que tenía que ser la fuente de las células metastásicas que habían encontrado en el hígado de nuestra madre, lo cual no era común. Querían practicar una cirugía exploratoria para buscar el tumor, pero mi padre y mi madre decidieron que ella iría a casa primero para descansar y orar para determinar lo que se debía hacer.

Mamá creció en Baytown, Texas, como hija única, por lo que para ella era realmente un placer tener a todos sus hijos con ella para las Navidades. Nos hizo saber que quería que esta Navidad fuera una Navidad como todas las demás. No recuerdo haberla visto quejarse durante todo el tiempo que estuve en casa de vacaciones ese año, aunque pesaba sólo 89 libras y se sentía muy mal.

Nunca se había preocupado mucho por comprar los adornos navideños que ofrecía el comercio. Su énfasis era siempre el nacimiento de Jesús. Cuando éramos pequeños y vivíamos cerca del aeropuerto de Hobby, en una Navidad hizo un letrero recortando carpetas plásticas y letras de papel plateado que decía "Feliz cumpleaños, Jesús" y lo enmarcó en pequeñas luces. Lo puso en la ventana que sobresalía encima de la puerta de entrada de la casa, y Paul dijo que sus amigos se reían de él por eso. Al principio se quejó, pero después se dio cuenta de que ese letrero era sólo otra forma en la que mamá, con valentía y osadía, declaraba su fe y su convencimiento de lo que es realmente la conmemoración de la Navidad.

A mamá tampoco le gustaba toda la historia de Papá Noel en los años en que estábamos creciendo. Ella y papá compraban nuestros regalos y los guardaban en un armario. Nos decía que no debíamos curiosear y nos advertía que si lo hacíamos tal vez ella no lo supiera ¡pero Jesús sí lo sabría! A mamá le gustaba leernos devociones familiares durante la cena; pero tenía una audiencia difícil. Paul hacía caras para hacernos reír a todos. ¡Aún hoy, la cara de Paul me hace reír! Son cosas de hermanos.

Mi hermana Lisa se había recuperado de una enfermedad infantil que supuestamente la ha debido dejar paralítica por el resto de su vida, y, desde entonces, mis padres tenían gran fe en el poder curativo de la oración y en los milagros. Por lo tanto, decidieron abandonar cualquier otro tratamiento para mamá, dado que los doctores habían dicho que era terminal y era probable que los remedios la hicieran sentir peor. En cambio, mi madre decidió que iba a luchar contra el cáncer con todo su arsenal de oraciones y con toda la fe que pudiera tener.

Lisa acababa de graduarse de la universidad. Vino a casa para estar con mamá y animarla. Como el resto de nosotros, no podía imaginar que mamá estuviera enferma, menos aún que estuviera muriendo. Habíamos visto tantos milagros —Lisa misma había experimentado uno de ellos— por lo que todos nos centramos en orar y dar gracias a Dios por permitir que mamá viviera.

April ya había sido testigo de un tiempo más prolongado de la lucha de mamá contra el cáncer que el resto de nosotros que ya no vivíamos con ella. Desde muy temprano, recuerda haber sentido terror un día porque mamá "se veía como la muerte".

"Sin embargo, nunca pensé que no estuviera allí con nosotros para Navidad. Papá dijo que íbamos a orar para que se obrara un milagro y que lo íbamos a conseguir; y yo le creí", recuerda April. "En realidad tengo buenos recuerdos de esa Navidad porque mamá estaba de vuelta en casa después de haber estado mucho tiempo en el hospital. Sabía que no estaba bien, pero tenía una fe tan firme que todos estábamos muy contentos de estar juntos en casa para la Navidad. ¡Todo estaba muy tranquilo con los demás lejos de la casa, en especial Joel!".

Procuramos tener una Navidad normal para animar a mamá. Hicimos bromas, reímos como siempre. Mamá cree en el poder sanador de la risa; de hecho, admite que vio más películas y caricaturas cómicas que nunca durante este período, intentando mantenerse animada. También puedo asegurar que salían muchísimas oraciones de nuestra familia, de nuestros amigos y de los miembros de la iglesia a cada hora. Es posible que la enfermedad de mamá haya ensombrecido esa Navidad, pero su espíritu y su determinación eran tan fuertes que sacábamos fuerza de ella y unos de otros.

Ya habíamos hecho planes de regalarle la vajilla de porcelana para esa Navidad, cuando nos enteramos del diagnóstico de cáncer terminal. En lugar de cancelar nuestros planes, decidimos seguir adelante. Lisa insistió mucho en que compráramos la vajilla. Tenía la sensación de que un regalo así le demostraría a mamá que creíamos que superaría el cáncer y que estaría con nosotros en muchas cenas de Navidad y fiestas familiares en el futuro.

Lisa, que siempre ha sido una especia de ayudante de mamá y jefe de organización de todos los miembros de la familia, salió de compras con April y encontraron la vajilla de porcelana con el diseño que a nuestra madre le había gustado. Sólo había un problema: no tenían todos los puestos que necesitábamos si todos venían a cenar. La vendedora nos dijo que habría que esperar unas seis semanas más para completar la vajilla.

El día de Navidad, nos reunimos todos en la casa paterna para intercambiar regalos y cenar juntos. Hicimos todo lo que estuvo a nuestro alcance por mantener elevado el ánimo. Mamá no se sentía bien en absoluto, pero no dejaba de sonreír. Abrazó a cada uno de los niños y de los nietos un poco más de tiempo de lo normal. Procuramos hacerla reír y demostrarle que todos la queríamos.

Después de que mamá abrió la caja de la vajilla el día de Navidad y nos agradeció el hermoso regalo, Lisa le dijo que tomaría un mes más o menos para que todos los puestos estuvieran completos. Observé un gesto de tristeza que ensombreció por un segundo el rostro de mamá. Después admitió que había pensado, *Tal vez no esté aquí tanto tiempo.*

Conscientes de su momento de duda, la animamos diciendo que pensábamos desgastar totalmente la vajilla a lo largo de muchos años de cenas de Navidad y reuniones familiares. Mamá rara vez permitía que entraran en su mente pensamientos de duda y temor. Creía que el enemigo intentaba quitarle la esperanza y la fe ese día de Navidad. Ella considera que gran parte de esa Navidad consistió en una batalla minuto a minuto, luchando contra el enemigo por su vida y su alma.

Contó la historia de su sanación muchas veces y yo también lo he hecho en mis escritos. Básicamente mi madre decidió que su sanación era algo entre ella y Dios. Estaba decidida a creer que Dios no se la llevaría, por lo que se negaba a actuar como enferma, aunque se sentía terrible. Se negaba a permanecer en cama o inclusive a tomar una siesta. En cambio se vestía como de costumbre y vivía su día normal, durmiendo sólo el tiempo acostumbrado.

Leyó en la Biblia (Mateo18:19 NASB) estas palabras de Jesús: "Si dos de ustedes se ponen de acuerdo en la tierra para pedir alguna cosa, les será concedida por Mi Padre que está en los cielos". Entonces reclutó a mi padre para que se uniera a ella para ejercer su autoridad sobre el enemigo.

—Debemos ponernos de acuerdo que Dios me va a sanar y me va a dejar como estaba antes —dijo.

Mamá cree que su sanación comenzó con esas oraciones al día siguiente de su salida del hospital. La mayoría de los síntomas persistieron por mucho tiempo, y con frecuencia sentía que sería más fácil darse por vencida, pero cada noche, oraba y prometía que si vivía proclamaría las obras del Señor. También examinaba su corazón y decidió que necesitaba perdonar y pedir perdón a varias personas. A cada una le escribió una carta y recibió con agrado sus respuestas.

Mamá sabía que quedarse en la casa la haría sentir enferma y autocompadecerse, por lo que, a pesar de su debilidad y su dolor durante la Navidad, visitó los hospitales del área o visitó a otros que necesitaran que orara con ellos. Inundó a Dios de oraciones. Oraba mientras conducía, mientas caminaba hasta la caja del correo y mientras preparaba las comidas, siempre pidiéndole a Dios que la ayudara y la curara.

Todos orábamos por ella y todos los días, al verla, le decíamos que había sanado. Queríamos darle todo el apoyo positivo que pudiéramos. Sin embargo, de vez en cuando tenía dolor, y sentía mucho miedo. Luchaba con toda su alma contra ese sentimiento. Entre peor se sentía, más leía la Escritura y más oraba. Hizo una lista de cuarenta citas de la Escritura que consideraba que se aplicaban a su salud y luego las repetía una y otra vez para darse ánimo.

Por si no te has dado cuenta, mi madre es una mujer con una férrea determinación. Su decisión de luchar contra el cáncer inspiró a mucha gente. Algunos venían de Houston a orar por ella y a decirle cómo habían sido diagnosticados con cáncer y otras enfermedades pero habían logrado superarlas.

Luchó por mantenerse positiva, pero también por decir siempre la verdad, por lo que cuando alguien le preguntaba cómo se sentía, mi madre no mentía si tenía algún dolor. En cambio decía: "Soy bendecida por el Señor".

Un día, durante su lucha contra el cáncer, regresaba a casa de la iglesia con mi padre. Él estaba colgando su chaqueta cuando oyó que se volteaban las páginas de la Biblia del Rey Jacobo, que se encontraba sobre la mesa de noche. No había ventiladores encendidos. Ninguna ventana estaba abierta. Sin embargo se dio cuenta de que las páginas de la Biblia se habían volteado a donde estaba el Salmo 105:37: "Pero a ellos los sacó con plata y oro, sin que hubiera en sus tribus quién se tambaleara".

Mis padres se sintieron muy reconfortados con ese hecho. Mamá nos dijo que no quería aparecer tambaleante ni débil, por lo que, naturalmente, sus atrevidos hijos, usaban esto en contra de ella. Un día estábamos todos en la casa cuando nos pidió ayuda para mover un pequeño mueble. Le respondimos que estaba lo suficientemente bien como para hacerlo ella sola. Eso la enojó, pero lo hizo y después se sintió bien de haberlo hecho.

Mi madre nunca volvió a esa cama de hospital. La Navidad de 1981 no fue fácil para ella ni para quienes la queríamos. Sabíamos que sufría dolor y procurábamos encontrar el equilibrio entre respetar su enfermedad y animarla a luchar contra ella. La vajilla de porcelana se convirtió en un símbolo de esa táctica, razón por la cual, aún hoy, cuando la veo guardada en su gabinete, digo una oración de acción de gracias a Dios por permitirnos tener a nuestra adorada madre con nosotros un poco más.

LA VICTORIA

En la actualidad, mamá está todavía fuerte y bien y esperamos pasar con ella muchas otras Navidades, y utilizar la vajilla de porcelana. Casi no puedo creer que hayamos tenido esa vajilla ya por cerca de treinta años. El diagnóstico de cáncer hepático en mi madre fue confirmado y reconfirmado por varios patólogos, radiólogos e internistas, y todos llegaron a la misma conclusión de dos laboratorios médicos. En los últimos años, mi madre se ha sometido a múltiples pruebas y siempre han dado negativo para cáncer.

El médico de mi madre ha calificado la recuperación de mi madre como "una sanación sobrenatural en respuesta a la oración".

El doctor ha podido observar que los médicos tienen cada vez más evidencias de que una actitud positiva puede ser de gran ayuda en la sanación. De hecho, puede cambiar literalmente los recuentos de leucocitos en el organismo, al activar las defensas naturales del organismo contra el cáncer y otras enfermedades.

Hasta el día de hoy, nuestra madre lee las citas de sanación de la Escritura cada mañana antes de salir de la casa, incluyendo esta de Jeremias 30:17 (NKJV): "Yo te sanaré, te curaré tus heridas".

Quisiéramos creer que la vajilla de porcelana que le regalamos ayudó a que nuestra madre sanara al mantenerla enfocada en una larga vida durante esa difícil Navidad de 1981. Por mucho que nos gustaría darnos el crédito, creemos que Dios respondió a nuestras oraciones y a las de nuestros padres y a las de todos sus amigos y de quienes los apoyaban. Todo el crédito es de Él. Agradecemos cada día que nos da con ella, pero estamos especialmente agradecidos en Navidad, cuando nos sentamos a la mesa con esas tazas, platos y bandejas que le regalamos a nuestra madre. Ver la vajilla sobre la mesa nos ayuda a apreciar ese día aún más porque sirve como recordatorio de esa Navidad de hace ya muchos años, cuando temíamos que ya no la tendríamos más con nosotros.

Te animo a agradecer el tiempo que tienes con los miembros de tu familia, no sólo durante las Navidades sino día tras día durante todo el año. Aprovecha al máximo cada momento y agradece a Dios sus constantes bendiciones.

CAPÍTULO CINCO

La Navidad en casa de Meemaw

✧

Durante mi niñez, pasamos casi todas las Nochebuenas con toda mi familia en casa, en Humble, Texas, pero Victoria y su familia viajaban desde Houston, casi todas las Navidades para visitar a sus abuelos maternos en la enorme y vieja casa situada en la cima de una montaña en Columbus, Georgia. Durante cada época navideña, Victoria, su hermano Don Jr. y sus padres Don Sr. y Georgine, llenaban el automóvil de la familia de equipaje y regalos y salían al amanecer para un viaje de 700 millas. Victoria y Don, cuatro años mayor que ella, por lo general llevaban almohadas y dormían durante el primer trecho del recorrido de varios cientos de millas. Después se des-

pertaban, leían, jugaban o simplemente disfrutaban el paisaje mientras recorrían la Costa del Golfo, y luego subían a través de pequeños pueblos sureños como Opelousas, Bogalusa y Poplarville.

Victoria y su hermano disfrutaban atormentando a sus padres preguntándoles a intervalos regulares:

—¿Ya llegamos, Papá?

—¿Mami, cuánto falta?

Luego venían las consabidas peleas entre hermanos en el asiento de atrás: Don pasaba las piernas al lado que le correspondía a Victoria. El material de lectura de Victoria se deslizaba hacia la sección del asiento que le correspondía a Don. Afortunadamente para todos, había distracciones por el camino durante todo el viaje. A Victoria y a su hermano les encantaba comprobar la presencia de decoraciones navideñas en cada uno de los pequeños pueblos por donde pasaban. Habían hecho tantas veces este viaje que recordaban exactamente qué pueblos tenían la casa de Papá Noel en la plaza, una representación del pesebre al frente del juzgado o un árbol de Navidad en el parque. Una de las atracciones favoritas de su madre durante el recorrido eran las pequeñas tiendas de antigüedades, que a veces la seducían y la hacían bajar del automóvil y entrar a curiosear, dándoles así la posibilidad de un descanso durante el viaje, que a veces terminaba también con un incremento de la cantidad de equipaje que llevaban.

Con "Jingle Bells" y otras canciones navideñas sonando en la radio, y con el constante desfile de decoraciones navideñas a ambos lados del camino, el largo viaje servía para que Victoria y su hermano se llenaran de entusiasmo y de expectativas a la espera del nacimiento de Jesús, la llegada de Papá Noel y la visita de toda una semana con los abuelos, las tías, los tíos y los primos favoritos.

Viajaban ya a luz de luna para cuando el automóvil cruzaba el límite entre Alabama y Georgia. Columbus esperaba justo al otro lado del Río Chattahoochee. Esta pintoresca ciudad de elegantes y antiguas mansiones que datan de la Guerra Civil está ubicada en el hermoso valle del río. El entusiasmo de Victoria y Don llegaba al máximo cuando el automóvil de la familia subía por la enorme montaña desde donde se podía divisar la señorial mansión de 1800 donde vivían los abuelos, totalmente iluminada por las decoraciones navideñas y por el calor de una familia amorosa que los esperaba unida para acogerlos.

Cuando llegaban al frente de la casa, el abuelo George, con su pelo negro como el ala de un cuervo, estaba siempre allí para recibirlos, bajando a grandes pasos la escalera de la galería lateral para recibirlos con una amplia sonrisa. "Los vi cuando venían por la ventana", era lo que siempre decía. El abuelo se ponía de cuclillas y abría los brazos invitando a Victoria y a Don que vinieran a él para abrazarlos. Le encantaban los abrazos, pero lo que más le gustaba eran los besos en su mejilla.

—¡Denme un poco de azúcar de mentón! —les pedía.

Victoria y Don siempre le obedecían.

Era aproximadamente en este momento cuando aparecía Meemaw por la puerta de atrás, apresurándose a bajar las escaleras para saludarlos, aunque siempre se dirigía primero a su hija. Abrazaba a Georgine, le besaba la cara y luego la miraba a los ojos con adoración. En ese momento, lo único que le importaba a Eula Mae Blalock era que su hija estaba en casa.

Victoria esperaba amablemente a que llegara su primer momento con la matriarca de la familia, a quien todos los nietos llamaban Meemaw. Una belleza sureña, con un ingenio vibrante y una aguda mente para los negocios, Eula Mae Blalock se había criado en la tranquila y elegante ciudad porteña de Savannah. Los parientes en Columbus suelen decir que Victoria les recuerda a su abuela materna, que era una mujer muy distinguida, llena de fe, muy cálida y divertida. Georgine dice que Victoria heredó también la maravillosa risa de su abuela, y se lo agradezco porque sin duda tiene una risa maravillosa.

Como la hija de un próspero dueño de una cadena de tiendas de abarrotes, Meemaw venía de una larga línea de comerciantes y empresarios. Solía mantener embelesados a sus nietos con las historias de sus antepasados, en especial con las del bisabuelo de Victoria, que había sido dueño de un mercado y un almacén. Una de sus historias favoritas daba testimonio de su preocupación por aquellas personas de la ciudad que habían sufrido más durante los años de la depresión.

El padre de Meemaw llevaba dos juegos de libros contables para sus clientes. El primer libro era para aquellos que compraban sus mercancías a crédito y luego pagaban fielmente sus cuentas al final de cada mes. El otro juego de libros era para aquellos clientes que tenían problemas para pagar sus cuentas mensuales. El dueño de la tienda decía a sus empleados que registraran cada compra pero que jamás dijeran a nadie que probablemente estos clientes no pagarían.

"No queremos que sus niños piensen que sus padres reciben caridad", solía decir. Con frecuencia los ojos de Meemaw se llenaban de lágrimas al contar esta historia. Luego decía en voz muy baja: "Me hace tanta falta mi padre".

Todos tenemos nuestra propia interpretación del espíritu navideño. Victoria y Don crecieron en una familia sólidamente cristiana que todos los días leía la Escritura y oraba. Además, venían de una familia cuyos miembros vivían con el espíritu del amor de Dios.

Si le preguntas a la madre de Victoria o a cualquiera de las tías o tíos de Victoria acerca de Eula Mae Blalock, siempre iniciarán la conversación diciéndote la madre tan maravillosa que era. Luego, lo más probable es que se refieran a su inconmovible fe en Dios y a su preocupación por todos los demás. La madre de Victoria, Georgine, era una de nueve hijos, y solía decir que su madre los hacía sentir a cada uno como su preferido.

"Tenía ese don", decía Georgina. "Se desvivía por cada uno de sus hijos, y a cada uno lo trataba como si fuera el único hijo o la única hija que tuviera. Cada semana me hacía un vestido nuevo y lo colgaba en la puerta de mi habitación. Compraba telas diferentes para los vestidos de cada una de mis hermanas para que todas nos viéramos especiales. Siempre sabía que había escogido la tela de mi vestido especialmente para mí".

La preocupación de Meemaw por sus hijos fue alimentando su sueño de tener algún día una casa lo suficientemente grande como para que cupieran todos con sus propios hijos para las fiestas. Hizo que ese sueño se volviera realidad, gracias a su espíritu emprendedor. Mientras que el abuelo de Victoria trabajaba como ingeniero civil en Fort Benning, justo a las afueras de Columbus, Eula Mae se ocupaba de los niños hasta que dejaban la casa paterna y comenzaban sus propias vidas. Después, comenzó a trabajar largas horas en bienes raíces.

Meemaw comenzó comprando pequeñas casas, arreglándolas y alquilándolas a los soldados y a sus familias, destacados en la base militar cercana. Podía vender una casa y comprar otras dos o inclusive canjear casas con los constructores locales. Pronto estaba comprando casas más grandes, dividiéndolas para formar casas dúplex y alquilarlas a múltiples familias. Para cuando la madre de Victoria se casó, su abuela era dueña de varias propiedades, todas rentables. Para comienzos de 1960, Meemaw pudo lograr su sueño de comprar una casa lo suficientemente grande como para alojar a todos sus hijos y sus nietos —la hermosa casa victoriana estaba ubicada en un extenso terreno poblado de bosques que las personas de la localidad conocían como la vieja propiedad Mooney.

En una época de la vida en la que muchas familias reducen el tamaño de sus viviendas, Eula Mae y George Blalock compraron la propiedad más grande que jamás hubieran tenido. La vieja propiedad Mooney incluía acres de hermosas colinas cubiertas de flores silvestres. El señorial hogar estaba también rodeado de tupidos bosques de pinos que rodeaban el Lago Mooney.

No obstante, para Eula Mae las características más importantes de la casa eran sus cinco dormitorios y sus cinco baños, el enorme comedor y la enorme sala, y una gran cocina campestre que podía alojar a toda la familia que llegaba durante las Navidades. Esta fue la casa donde Victoria y sus muchos parientes crecieron y de la que tienen recuerdos navideños entrañables —es aquí donde aprendieron la profundidad de la fe y del amor de la familia por los demás.

"La casa de Meemaw tenía algo especial", me dijo Victoria. "Era cálida, tranquila y segura, y estaba llena de amor. Siempre pensé que podía sentir allí la presencia de Dios".

LA CASA DE LAS FIESTAS NAVIDEÑAS

Victoria recuerda que, allí, su abuela siempre parecía estar en paz. Amaba la época navideña más que cualquier otra época del año y solía decir que su casa era "el regalo que le había hecho Dios" porque le permitía tener a tantos hijos y nietos reunidos para las fiestas.

Eula Mae Blalock era una mujer de extraordinaria fe, una cristiana en todo el sentido de la palabra. Poco después de que ella y George se mudaron a este lugar, ella arregló un pequeño lugar al borde de los árboles que rodeaban la parte de atrás de la casa a donde iba a orar en total silencio cada mañana durante unos veinte minutos. Se levantaba temprano todos los días y caminaba desde la galería de atrás a través del jardín y luego unas 30 yardas o más hasta la hilera de árboles donde se arrodillaba sobre el césped y oraba por sus hijos y sus nietos, pidiendo a Dios que los bendijera.

Victoria y sus primos llamaban a este lugar especial cerca de los árboles "el altar de Meemaw", y siempre consideraron ese lugar sombreado como un lugar bendito. Victoria recuerda algunas mañanas en las que se despertaba temprano e iba en busca de su abuela. Entraba a la enorme cocina campestre, atraída por el olor del tocino y los panes recién horneados, sólo para encontrar a Meemaw de pie junto a la estufa, en bata, con las rodillas aún húmedas por el rocío después de su oración matutina. De vez en cuando, Victoria se deslizaba por la puerta de atrás y, al igual que su abuela, atravesaba el jardín, el patio y oraba en el altar de su abuela. Se preguntaba con frecuencia si su abuela la estaría mirando y esperaba secretamente que así fuera.

Para el segundo o tercer día de su visita anual de Navidad, Victoria y Don encontraban la mesa un poco más concurrida a medida que iban llegando a la casa los demás miembros de la familia. Eventualmente se reunían en la casa de los abuelos treinta o más tías, tíos y primos. La llegada de cada familia traía más regalos para poner bajo el enorme árbol de Navidad, digno de Rockefeller Center. Cada año, el primo Clyde Wolf Jr. (también conocido como Junior) cortaba un árbol cuidadosamente elegido de los bosques circundantes. Era un árbol gigantesco que después arrastraba por unas 100 yardas a través de los matorrales y le construía una base. Después él y su abuelo lo subían con mucha dificultad hasta la galería de atrás, a través de la cocina y el comedor y por último lo colocaban en el salón, donde se adornaba con decoraciones navideñas y se convertía en el centro de todas las actividades de esos días.

Durante los días de esparcimiento que seguían, los adultos se unían para prepararlo todo y para hablar de religión y política —siempre los temas favoritos— mientras que las muchachas bailaban y jugaban y los muchachos cazaban, montaban simulacros de batallas y, naturalmente, conspiraban para atormentar a las niñas de todas las formas posibles.

EXPLOSIÓN NAVIDEÑA

En una memorable visita de Navidad, Don Jr. convenció de alguna forma a su padre de que comprara fuegos artificiales para él y para sus primos con los que habían armado toda una conspiración. Después de que se cansaron de hacer estallar vasos de cartón y de bombardear a las desprevenidas creaturas del bosque, los niños encontraron un nuevo blanco.

La prima de Victoria, Debra, una de sus favoritas, había recibido un horno Easy-Bake como un regalo de Navidad anticipado. Cometió el error de traerlo a la casa de Meemaw y de dejarlo afuera, sobre la mesa del jardín, al alcance de los niños del escuadrón de bombarderos. Su primer esfuerzo de hornear una explosión en el nuevo electrodoméstico, implicaba amarrar una serie de buscapiés con una pequeña cuerda y colocarlos dentro del horno.

La resultante explosión en cadena hizo mucho ruido pero, aparentemente, no lo suficiente.

—Bueno, eso no fue gran cosa —exclamó Junior—. ¡Ensayemos esto!

El mayor de los primos del escuadrón de bombarderos produjo entonces un petardo cereza que consiste básicamente en una gran cantidad de pólvora envuelto para que parezca una inocente fruta. Ahora los petardos cereza son ilegales en casi todos los estados, y con razón.

Junior puso el petardo cereza dentro del horno Easy-Bake. Quienes lo presenciaron declararon después, bajo intenso interrogatorio, que su más que dispuesto cómplice, Don Jr., prendió la mecha y cerró la puerta del horno antes de salir corriendo tras sus primos en busca de un escondite.

El petardo cereza hizo exactamente lo que hacen los petardos cereza cuando se prenden en sitios cerrados. ¡Hizo estallar el horno Easy-Bake de la pobre prima Debra, convirtiéndolo en chatarra!

Los abuelos, los papás, las tías y los tíos prácticamente no se habían dado cuenta de la primera explosión de los fulminantes, debido a la distancia del sitio donde hicieron la pilatuna y al ruido de sus propias conversaciones. El petardo cereza sí lo oyeron.

Los adultos salieron en tropel por las puertas victorianas de la casa, temiendo encontrar partes de los cuerpos de sus hijos. Encontraron en cambio los restos calcinados y humeantes del horno Easy-Bake y un grupo de niños aterrados por la certeza de que estaban a punto de que los llevaran a la cabaña del bosque.

Detrás del grupo de adultos venían las primas que, al llegar a la escena del crimen, rodearon a la prima Debra.

—¡Mi horno! ¿Dónde está mi horno? ¿Qué le hicieron a mi horno?

El hermano de Victoria es famoso por ser muy expresivo, pero ese don lo abandonó en ese preciso momento. También Junior optó por acogerse a la quinta

enmienda y decidió permanecer en silencio por temor a incriminarse. El único que pudo hablar en nombre de todos fue el más pequeño de los primos.

—¡Fue idea de Clyde; y Don lo encendió!

Los dos juniors tuvieron que reemplazar el regalo de navidad de su prima y se les instruyó que dejaran los fuegos artificiales para la celebración del Día de la Independencia.

EL GRAN DÍA

La celebración de la fiesta comenzaba con gran expectativa la víspera de Navidad, cuando Meemaw y las otras mujeres preparaban una tradicional cena navideña sureña. Para el mediodía del día de Navidad, la casa estaba llena del aroma de pavo asado, aderezo de pan de maíz y las azucaradas batatas de la tía Lois. A la hora de la cena, los adultos se sentaban en la larga mesa del comedor mientras que la generación joven buscaba un lugar en una o más de las llamadas "mesas de los niños" preparadas en la sala contigua.

Una vez que todos estaban sentados a la mesa, las mujeres traían las bandejas y los tazones llenos de apetitosa comida. Cada uno tenía su plato favorito. El último plato que aparecía cada víspera de Navidad era el pan de maíz preparado por Meemaw. Todos quedaban en silencio para que uno de los tíos pudiera iniciar la bendición de la mesa. Él comenzaba por dar gracias a Dios de que pudieran estar todos juntos y que todos estuvieran sanos, y luego pedía a Dios que bendijera los alimentos.

En silencio, Meemaw también agradecía a Dios por la casa.

Después de terminada la comida, y una vez lavada la loza, todos se retiraban a la galería de atrás para más conversación y risas. A Victoria le encantaba oír historias de sus tíos, sobre todo del tío J. H., pastor de una iglesia. Sin embargo, se sentía muy orgullosa del gran interés que los demás miembros de la familia mostraban por escuchar relatos acerca del importante trabajo de su padre.

Era la década del sesenta y toda la nación se preocupaba por la hazaña americana de poner a un hombre en la luna. El padre de Victoria, Don, estaba en medio de esa hazaña. Es un matemático y en ese entonces, trabajaba como jefe de división de la NASA en Houston. También había trabajado con Wernher von Braun, el famoso científico alemán astronautas americanos a la luna.

Las tías y tíos de Victoria tenían muchísimas preguntas sobre los astronautas, la nave espacial y la participación de su padre en las últimas misiones. Su padre siempre parecía disfrutar mientras respondía a sus preguntas y hablaba de su trabajo. Tengo mucha suerte de contar con este hombre amable, cariñoso y brillante como suegro. Nuestros hijos Jonathan y Alexandra tienen la suerte de haber heredado la mente matemática de su abuelo Ilof. Y como yo soy lo que llaman limitado, cuando de matemáticas se trata, estoy particularmente agradecido por ese último detalle!

LA VOZ DE SU ABUELA

Al final de la víspera de Navidad, los niños se acomodaban en colchones alrededor del árbol de

Navidad. Los niños de un lado de la sala, las niñas del otro. Con las luces del árbol de Navidad como única iluminación, casi todos los niños se dejaban vencer por el cansancio y se quedaban dormidos después de una media hora de conversación. Por lo general, Victoria se quedaba despierta porque le encantaba escuchar lo que hablaban su madre, su abuela y sus tías y tíos sentados alrededor de la mesa de la cocina.

Tarde o temprano siempre surgía el tema de la Biblia y Meemaw, una devota lectora de las Escrituras, dirigía las conversaciones. A Meemaw le encantaba la Biblia y podía encontrar el versículo correcto para cualquier ocasión. Ya fuera que la tía Sue estuviera considerando aceptar una nueva oferta de trabajo o que a la tía Mary le doliera el tobillo, o inclusive que la tía Christine estuviera comprando una casa nueva, Meemaw siempre tenía una cita de la Escritura. Victoria dice que aunque había ido a la iglesia toda su vida, aprendió más sobre los escritos de la Biblia escuchando las conversaciones de Meemaw en la cocina que en la iglesia. A Victoria le encantaba escuchar a Meemaw mientras hacía las lecturas y reflexiones sobre la Palabra de Dios. Casi todas las noches, incluyendo la Nochebuena y la Navidad, se dormía al suave murmullo de la voz de su abuela.

RECUERDOS DE MEEMAW

Victoria atesora esos recuerdos de la niñez, sobre todo porque no pasó muchos años con su abuela. Lamentablemente, Meemaw murió en 1972, cuando Victoria tenía apenas doce años. Su abuela se había enfermado muy pocas veces. Sufrió un infarto al que no sobrevivió. Los doctores sospecharon que una crisis de fiebre reumática durante la niñez había debilitado su corazón. Cualquiera que fuera la causa, la familia entera quedó devastada.

George, el abuelo de Victoria, había sido siempre muy unido a su esposa, hasta el punto de que todos se preocupaban de cómo se las arreglaría solo. Era un pocos mayor que ella y perderla después de tantos años fue algo muy duro para él. Poco tiempo después de la muerte de Meemaw, George la siguió al cielo.

Fue una época muy, muy triste.

Victoria y Don perdieron a sus dos abuelos Blalock

en muy corto tiempo y, con su muerte, terminaron las visitas a la casa de Meemaw, que había sido escenario de tantas maravillosas vacaciones y fiestas. Pasaron cinco o seis años de la muerte de los abuelos antes de que Victoria y sus padres regresaran a Columbus durante la Navidad para quedarse con algunos parientes que aún vivían en esa área.

Un domingo, Victoria iba por el pueblo en un automóvil conducido por su prima mayor Joan cuando decidieron pasar por la casa de Meemaw para recordar los viejos tiempos. Sabían que había sido vendida después de la muerte de los abuelos, pero las muchachas se sorprendieron al ver un letrero en el patio que indicaba que la casa de Meemaw se había convertido en una iglesia.

Vieron varias personas que salían por la puerta principal abierta, por lo que pensaron que los servicios debían haber terminado. Entonces, Joan le dijo a Victoria:

—¿Quieres entrar?

La curiosidad, y tal vez una fuerza más poderosa, las hizo entrar a la casa, que parecía tan familiar y tan distinta a la vez. Si has vuelto alguna vez a un hogar de tu infancia o inclusive a tu escuela primaria, sabrás lo que se siente. En cierta forma, el lugar no ha cambiado y te sientes como si pertenecieras a él, pero, sin el antiguo mobiliario ni las demás cosas que había allí, te embarga también la sensación de ser una extraña en ese lugar. No obstante, cuando te envuelven los sitios, sonidos y olores familiares, parece que el lugar te absorbe. Ver tu habitación de niño con las bibliotecas incrustadas y el viejo pino que se ve por la ventana, o sentir los olores tan familiares de hace tantos años de la cafetería de tu escuela primaria, son experiencias que pueden arrancar súbitamente las tapas que cubren de imágenes y eventos que están guardados en lo más profundo de tu memoria.

Visitar lugares de tu pasado puede ser algo reconfortante, aunque también, hasta cierto punto, desorientador y emocional. Cuando Victoria y Joan entraron por la puerta principal de la casa de Meemaw, retrocedieron a cada una de las reuniones familiares y Navidades del pasado. Cruzaron el umbral y entraron a épocas que serán recordadas por siempre, guardadas en los altos techos y los rincones opuestos del salón; un salón donde una vez había estado el árbol de Navidad más grande del mundo, pero ya no estaba, y otro lugar donde un viejo órgano reemplazaba ahora el piano antiguo de Meemaw.

La sala y el comedor, donde habían reído y jugado con la familia, estaban unidos y arreglados como área de culto, con un altar y un podio para el pastor (uno de verdad, no sólo una silla volteada hacia atrás). Y aunque la larga mesa de comedor ya no estaba, como tampoco estaban la vajilla ni el cristal de Meemaw, el sitio se seguía viendo casi igual. Al volver a su niñez, las primas se encontraron de pronto perdidas en el tiempo, transportadas al pasado más allá del momento en el que estaban, a otros años ya muy lejanos.

Al mirar al fondo, más allá del comedor, Victoria alcanzó a ver lo que aún parecía ser la cocina. Se fue acercando lentamente, y se asomó por la puerta. Parecía familiar y sin embargo distinta. El viejo refrigerador había sido reemplazado por otro nuevo y sobre el mesón había una gran cafetera donde Meemaw solía poner el tazón de la harina. Sin embargo, esa cocina, donde había ayudado a su abuela a hacer galletas, despertó en ella y en su prima tal avalancha de recuerdos que se sucedían vertiginosamente uno tras otro, que ella y Joan se sintieron mareadas. Al principio ninguna dijo una palabra; luego las dos quedaron tan abrumadas que simplemente se dejaron caer en las sillas plegables que servían como bancas de iglesia. Victoria cerró los ojos y permaneció sentada en silencio como si estuviera escuchando la voz de Meemaw citando en voz baja la Escritura.

Al principio, prácticamente no se dieron cuenta de que los miembros de la iglesia se estaban reuniendo para el próximo servicio en la parte delantera del salón. Los miembros de la iglesia miraban con atención a estas dos extrañas que habían llegado a su casa de culto. Ellos tenían una pequeña iglesia tal vez con unos setenta y cinco miembros, de manera que sabían que Victoria y Joan eran visitantes. No obstante, las dejaron tranquilas. Las dos mujeres jóvenes se veían tan tristes que parecía que necesitaban oración.

Joan empezó a llorar primero, conteniendo los sollozos. Victoria la escuchó y vio sus lágrimas y por último, se desmoronó también. Estaban abrumadas por el dolor de la falta permanente de los abuelos y por el absoluto reconocimiento de que la casa, con sus maravillosos recuerdos, ya no formaba parte de sus vidas.

A medida que Joan y Victoria se desahogaban, cinco o seis mujeres de la congregación se levantaron de sus asientos y se les acercaron para consolarlas, en actitud amable. Luego el pastor, que vivía arriba, llegó y comenzó a preguntar en voz baja si las visitantes necesitaban arrepentirse de sus pecados y recibir a Cristo. A través de sus lágrimas, Victoria estuvo a punto de reír, recordando que en muchas ocasiones había respondido a la solicitud de su prima de "acercarse al altar" muchas veces en exactamente el mismo sitio donde se encontraba ahora. Aún perplejo, el pastor pensó que Victoria y Joan habían sido atraídas a entrar a la iglesia por una crisis de algún tipo, lo que era comprensible dado su estado emocional.

Cuando Joan se dio cuenta de lo que el pastor y sus feligreses estaban pensando, contuvo sus lágrimas lo suficiente como para explicar:

—Siento mucho interrumpir su servicio. Esta era la casa de nuestros abuelos, y es la primera vez que volvemos desde que murieron —dijo—. Discúlpennos, simplemente nos dejamos llevar por los recuerdos de todo el amor y de las épocas maravillosas que pasamos aquí.

Sus palabras transformaron el ambiente del salón. Los miembros de la iglesia, ya sin preocuparse por las almas de estas dos mujeres y su bienestar, las acogieron y las invitaron a quedarse y a mirarlo todo por el tiempo que quisieran. Una señora, tal vez la esposa del pastor, llevó a Joan a un lado y le dijo:

—Cuando vimos este lugar por primera vez y pensamos en la posibilidad de que fuera nuestra casa de oración, sentimos que había sido un hogar cristiano lleno de amor, un sitio donde Dios era bien recibido y donde su presencia era intensa.

Bien, no faltó mucho para que ese comentario hiciera que Victoria y Joan comenzaran a llorar de nuevo; pero mantuvieron la calma. Joan aseguró al pastor y a sus feligreses que sus abuelos, sobre todo su abuela, habían sido sólidos cristianos. Inclusive les señaló el lugar donde había estado el "altar de Meemaw" al lado de los árboles que rodeaban la casa.

Sus anfitriones quedaron tranquilos y agradecidos de saberlo. Victoria recuerda que de pronto sintió como si hubieran vivido una reunión de renovación con el pastor y los miembros de la iglesia alabando a Dios y pidiendo bendiciones para ella, para Joan, para sus abuelos y para todos los miembros de la familia que ya habían muerto.

El pastor señaló que Dios debía haber tenido un plan para la vieja casa, al limpiarla primero con el amor de una familia cristiana, para celebrar la conmemoración del nacimiento de Su Hijo durante muchos años y luego convirtiéndola en la casa del Padre, un lugar acogedor de fe sincera y amor duradero.

Victoria y Joan dieron las gracias al pastor y a su comunidad y volvieron a su automóvil. Las primas se sintieron inundadas de una sensación de paz. Su última visita a la casa de Meemaw les había dado el cierre. Se alegraron de haberse detenido allí y se sintieron consoladas de saber que ese lugar tan lleno de amor, tan lleno de fe y con tantos recuerdos de tantas Navidades tuviera ahora a Dios como su huésped permanente.

Sus corazones les decían que su querida Meemaw también estaría feliz.

CAPÍTULO SEIS

Una Navidad blanca en México

Los padres de Marcos Witt eran misioneros que no podían darse el lujo de obsequiar costosos regalos de Navidad a él y sus hermanos y hermanas cuando eran adolescentes. Gastaban la mayoría de sus ingresos en su esfuerzo de divulgar la palabra de Dios. Sin embargo, con el pasar de los años, le dieron a Marcos algunos regalos especiales que le abrieron mundos totalmente nuevos, que cambiaron para siempre su vida e impactaron las vidas de millones de personas en todo el mundo.

"Nuestros regalos jamás eran enormes ni espectaculares, pero sí conseguíamos cosas para rellenar las medias y por lo menos un regalo grande cada uno con regalos más pequeños de nuestros padres y de otros parientes", decía. "Debo decir que mi mejor regalo fue mi primera guitarra".

En esa Navidad, cuando Marcos tenía apenas diez años, encontró debajo del árbol una guitarra Three Pines. No era una guitarra costosa, pero era un instrumento sólido. Siempre había querido una porque, en Durango, el pueblo mexicano en el valle de las montañas donde vivían, "casi todas las personas con las que uno se encontraba tocaban guitarra".

Naturalmente, casi toda la música que Marcos oía, la escuchaba en la iglesia, por lo que comenzó a aprender a tocar esas canciones. No tenía lo que puede llamarse un cuarto especial para practicar música. El hijo de los misioneros practicaba mientras iba montado en la parte de atrás del pickup de su padre mientras viajaban hacia pueblos remotos, donde sus padres habían fundado iglesias. Allí, debajo del toldo del platón del pickup, sacudidos por las irregularidades de los caminos de tierra, el niño y sus amigos tocaban la música que un día llenaría salas de conciertos.

"Generalmente éramos un grupo de seis o siete en la parte de atrás de la pickup con dos o tres guitarras. Había un niño que realmente sabía tocar y de él aprendimos las notas. Aprendí muchos cantos en mi guitarra de Navidad en la parte de atrás del pickup", recuerda Marcos.

A pesar de lo agitado y caliente del viaje, todos hacinados en un espacio tan pequeño, aprendió muy bien. Marcos grabó una colección de esas canciones que había aprendido a tocar en el pickup unos años antes, en un álbum que tituló en español, *Recordando otra vez*. El álbum recibió el premio Latin Grammy 2004 como el mejor álbum de música cristiana en español de ese año.

De hecho, Marcos ha ganado cuatro premios Latin Grammy y ha vendido más de diez millones de copias de su música cristiana en CDs y DVDs en todo el mundo. Ahora, cientos de miles de personas asisten a sus conciertos.

Mi amigo Marcos, quien es el pastor principal de una gran congregación de habla hispana en la Iglesia de Lakewood, dice que la primera guitarra lo llevó a una carrera musical que lo ha llevado por todo el mundo y le ha permitido expresar su fe a millones de personas.

Al igual que el primer regalo de Navidad de Dios para nosotros, Su Hijo, instauró la fe, la esperanza y la caridad en todo el mundo, cuando los padres de Marcos le regalaron su primera guitarra, instauraron el don musical que Dios había plantado en el interior de Marcos.

El poder de dar es verdaderamente sorprendente. Aún los más pequeños regalos que hagamos, ya se trate simplemente del regalo de una sonrisa, o de unos pocos minutos en nuestro tiempo, puede llevar a grandes cosas más allá de lo que podamos imaginar. Sin embargo, a veces Dios dispone que recibamos bendiciones que tal vez no reconozcamos como dones hasta muchos años después. Al principio, es posible que tengamos que pasar por muchas dificultades y tragedias antes de que lleguemos a reconocer y entender Su plan para nuestras vidas.

UNA NAVIDAD BLANCA AL SUR
DE LA FRONTERA

Es probable que nunca hayas pensado en México como un país donde haya Navidades blancas. Son raras, pero se ven. Marcos tenía cuatro años cuando cayó una fuerte tormenta invernal sobre Durango que dejó al pueblo enterrado en la nieve durante la Navidad de 1966.

"Comenzó a llover y comenzaron a caer gotas heladas mientras volvíamos a casa del servicio del domingo la víspera de Navidad, y luego, hacia la medianoche, comenzó a caer una fuerte nevada, lo que era realmente extraño", dijo Marcos. "Ya estábamos acostados y mi madre nos levantó porque nunca habíamos visto nieve antes. Había un solo farol encendido en la calle y todo estaba tan silencioso, con la nieve que caía sobre los pinos y sin ruido de tráfico, que parecía como si el mundo se hubiera detenido. Nos sentamos con nuestras narices contra la ventana mirando los extraños copos de nieve que caían justo a tiempo para la Navidad".

Nola, la madre de Marcos, había contado con frecuencia a sus hijos que la canción "White Christmas" ("Blanca Navidad") era la favorita de su madre, quien había crecido en Mississippi y no había tenido la oportunidad de ver mucha nieve en Navidad, por lo que le fascinaba esa canción. La magia de una Nochebuena con nieve en las montañas de México hacía que esa canción se convirtiera también en algo especial para Marcos. Basta pensar en ese niño pequeño, con su rostro contra la ventana, viendo la nieve por primera vez en Nochebuena, la víspera del nacimiento de Jesús. Esa noche, algo quedó plantado en su corazón, algo que se percibiría a través de su música muchos años después en lugares muy distantes del aislado pueblo de montaña al sur de la frontera.

"Siempre había querido grabar 'White Christmas' como parte de un álbum de canciones navideñas especiales interpretadas con una orquesta sinfónica en vivo", dijo Marcos. "Luego, en 2003, alquilamos el Estudio A en los famosos Abbey Road Studios en Londres, donde grababan The Beatles. Trajimos integrantes de la Orquesta Sinfónica de Londres, formamos una orquesta de ocho músicos y grabamos el álbum de Navidad en un estudio enorme. Fue en julio, pero uno de los productores decoró el salón con adornos de Navidad".

Todos esos grandes músicos grabaron muchas canciones durante esa sesión, pero únicamente una canción se grabó una sola vez porque todos en el estudio parecían desbordar de alegría. ¿Adivinan cuál fue?

"Nunca olvidaré la grabación de 'White Christmas' ese día. La interpretamos completa, sin interrupciones, de principio a fin, sin grabaciones superpuestas, sin volver atrás para limpiarla", dice Marcos. "Estaba inspirado, al igual que los miembros de la orquesta. Fue una experiencia tan llena de alegría que después oré por la iglesia y les agradecí su trabajo".

MINISTERIO Y MISTERIO

Dios obra en formas sorprendentes, ¿no es así? Esto lo recuerdo cada vez que pienso en la amistad de nuestra familia con Marcos y su familia, que comenzó realmente hace muchos años cuando Marcos y yo éramos apenas dos bebés. Al igual que la carrera musical de Marcos, nuestra larga relación comenzó con un regalo.

En 1964, cuando mi padre conoció a los padres de Marcos, yo era apenas un bebé y la Iglesia de Lakewood estaba también en su infancia. Tenía sólo unos 500 miembros. En ese entonces los Witts se esforzaban por establecer su primera iglesia en Durango, México y cuando visitaron Lakewood en Houston, Papá les pidió que hablara a la congregación.

Tal como lo hiciera su padre antes que él, se esforzaba por llevar la Palabra de Dios a las regiones más remotas y aisladas de México en un pequeño avión que lo llevaba hasta los límites de los pueblos más remotos donde dejaba caer copias del Evangelio de Juan en español. Le contó a la congregación de Lakewood que su sueño era establecer iglesias cristianas por todo México, pero primero deberían establecer una base de operaciones donde pudieran tener su propia iglesia, una escuela de Biblia y un sitio para hacer campamentos. El objetivo era entrenar pastores locales para que difundieran la Palabra de Dios. Jerry dijo también que necesitaban $600 para comprar un terreno en Durango, México, donde construir su base de operaciones.

Esa noche recibieron de la congregación la suma completa, lo que les ayudó a él y a Nola a establecer un trabajo de misión que continúa funcionando desde entonces. Desafortunadamente, Jerry Witt no vivió para ver la semilla de lo que había plantado cuando germinó y floreció. Apenas unos pocos meses después de que él y Nola vinieran a Lakewood, Jerry murió cuando su avión se estrelló en el cañón de una montaña el 8 de abril de 1964. Él y un miembro de su congregación acababan de dejar caer 3.000 panfletos impresos con el Evangelio de Juan en español sobre varias aldeas en ese remoto valle de montaña.

Éste fue un evento trágico, pero su familia, sorprendentemente fuerte, sigue escribiendo la historia y en esto hay también una gran alegría. Sin embargo, al comienzo fue tremendamente doloroso. De un momento a otro Nola se encontró viuda, con tres niños pequeños —Marcos, Jerry y Felipe— en un país extranjero. En ese entonces, Nola hablaba muy poco español. Sabía que Jerry hubiera querido que continuara con el trabajo que habían iniciado.

"Cada vez tenía un sentimiento más intenso de que el Señor quería que yo permaneciera en las ruinas de mi vida y que la reconstruyera en ese mismo lugar", escribió en sus memorias, *The Foolishness of God (La locura de Dios)*.

Es fácil imaginar el peso que tuvo que llevar sobre sus hombros y los temores que tuvo que soportar en su corazón. No se sentía preparada para las responsabilidades y los retos. Confiaba en Dios pero no podía entender por qué Él había decidido dejarla sola y a cargo de esta importante misión. Se sentía abrumada bajo el peso de todo lo que tenía que soportar: la responsabilidad, la tristeza, la soledad. El corazón le saltaba en el pecho cada vez que oía pasar un avión porque ese siempre había sido el primer signo de que su esposo regresaba de una misión.

Si Nola dudó alguna vez de que Dios estuviera guiando su vida, su fe quedó plenamente restaurada con la llegada de Frank Warren, a quien recuerda hoy con cariño como el "soltero cristiano más elegible al occidente de Mississippi". Tres años después de la muerte de Jerry, Frank visitó la misión de Nola en Durango. Con el hermano de Nola y un grupo de evangelistas estaba intentando construir iglesias en México. Frank Warren también había estado buscando una buena esposa cristiana desde que, doce años antes, había dejado el servicio militar y había sido salvado. Incluso había hecho la promesa de que no besaría a una mujer a menos que estuviera seguro de que esa mujer sería su esposa.

Cuando besó a Nola por primera vez, ella se dio cuenta de que no era algo habitual en él besar a una mujer, pero según ella, parecía alguien prometedor. Después de su matrimonio, Frank Warren se convirtió en su esposo, en el padre de sus hijos y en el codirector de sus esfuerzos misioneros. Tuvieron gemelas, Nola y Lorena, construyeron quince iglesias y fueron testigos de la creación de al menos otras quince. También hicieron algo más, algo muy sencillo que puede haber llegado a muchos más corazones y almas. Fue el hecho de que Frank y Nola le regalaron a Marcos su primera guitarra para Navidad. Dado que dominó tan rápido el instrumento, en la Navidad siguiente le regalaron una mandolina.

LA MÚSICA Y LA MEZCLA DE CULTURAS

Lo que realmente estaban haciendo, claro está, era nutriendo los talentos que Dios le había dado a este niño —¡y qué gran talento resultó ser! Marcos ha continuado su trabajo de misión, principalmente a través de sus canciones. Pero es gracioso porque, cuando empezó a asimilar las tradiciones mexicanas, no fue por la música. Estaba más interesado en prolongar la Navidad tanto como fuera posible. Cuando la familia se estableció por primera vez en México, Nola estaba decidida a mantener las tradiciones navideñas americanas. Traía con ella una buena provisión de pavo, pan de maíz y todos los acompañamientos cada vez que iba a su casa en Georgia una vez al año para que pudieran tener su cena de Navidad.

Sin embargo, el segundo de sus hijos, con gran inteligencia, pronto comenzó a ver los beneficios de celebrar una Navidad mitad mexicana mitad americana en cuanto a las tradiciones.

"Para mis amigos mexicanos era verdaderamente raro en los primeros años, porque no podíamos abrir los regalos en Nochebuena. En sus familias los regalos se abrían antes de la Navidad para celebrar la Nochebuena cuando recibían regalos y cenaban", recuerda Marcos. "Yo tenía que esperar. Mis compañeros de colegio decían: '¿Cuándo abres tus regalos? ¿Cuándo comes tu gran cena?'".

Marcos trataba de convencer a sus padres, de la mejor forma, de que debían adoptar ambas culturas y abrir los regalos en la Nochebuena y el día de Navidad. "Mi mamá no estaba convencida", recuerda. Sin embargo, él no se dio por vencido. Como un joven multicultural en desarrollo, Marcos también animó a sus padres a adoptar la fiesta mexicana de *El Día de los Reyes*, que prácticamente prolonga la celebración de Navidad hasta el 6 de enero.

Esta fiesta conmemora el viaje y la llegada de los tres Reyes Magos (Melchor, Gaspar y Baltazar), quienes traen regalos al Niño Dios. En vez de escribir una carta a Papá Noel pidiéndole regalos, los niños mexicanos escriben a los tres Reyes Magos diciéndoles que se han portado muy bien y que merecen recibir más regalos.

Cuando tuvo una esposa y unos hijos propios, Marcos empezó por fin a celebrar las tradiciones de sus dos países, el adoptivo y el nativo. Cuando él y su familia vivían en México y ahora, hasta el presente, en su casa de Houston, celebran la Nochebuena con un regalo para cada uno, y luego, alrededor de la medianoche, tienen una cena especial con tamales. Después, el día de Navidad, abren el resto de los regalos y hacen todos los platos norteamericanos navideños tradicionales junto con algunos platos mexicanos.

"Nos encanta la idea de la Nochebuena", dice Marcos. "En México todos esperan hasta las diez o las diez y media de esa noche y entonces salen a visitar a sus amigos, llevándoles algunos platillos especiales como regalo y demorándose de cinco a diez minutos en cada casa. Son visitas cortas. De vez en cuando hacemos esto en los Estados Unidos. Invitamos a los amigos a venir y les preparamos galletas. Cada Navidad, recibimos llamadas de distintas partes del mundo de nuestros amigos latinos que aún celebran esa tradición".

Marcos y su familia celebran también el Día de Reyes el 6 de enero: van a una panadería latina donde compran una rosca de reyes, un bizcocho redondo con un hueco grande en el centro decorado con frutas secas y azucaradas como higos y cerezas. Hay que tener cuidado al comer esta torta porque le ponen dentro un muñequito plástico que representa al Niño Jesús. La tradición latina dice que quien encuentre este Niño Jesús en la torta será bendecido.

Marcos y su familia han sido realmente bendecidos por el amor de Dios. Depués de la trágica pérdida de su padre a una edad tan temprana, Marcos habría podido tener una vida difícil, pero la fe de su madre y la determinación de un padrastro extraordinario le ayudaron a alimentar su talento natural para la música. Y todo comenzó con un simple regalo de Navidad, una guitarra afinada al destino de un gran músico y un gran hombre.

EL REGALO DE SERVIR
A LOS DEMÁS

Otro de mis amigos hispanohablantes es el pastor Sergio De La Mora, quien lleva la Iglesia Cornerstone en San Diego. Él también creció en una familia de pocos recursos. Sus padres, Salvador y Solidad De La Mora eran inmigrantes, pero siempre lograban comprar regalos para sus seis hijos. Pero querían que sus hijos e hijas apreciaran sus bendiciones entonces tenían una tradición familiar muy única.

"Para mis hermanos, mis hermanas y para mí la mañana de la Navidad se trataba de ir a ver qué nuevos juguetes había bajo el árbol de Navidad con nuestros nombres escritos en ellos", cuenta el pastor Sergio. "Pero para mis padres las mañanas de Navidad eran para crear recuerdos que durarían más que los juguetes por lo que rogábamos todos los años".

Cada mañana de Navidad, sin falta, su padre le daba a cada niño su regalo de Navidad. Pero nadie tenía derecho de abrir un solo regalo hasta que no estuvieran todos los regalos enfrente de cada uno de ellos.

Después el hijo mayor abría sus regalos mientras que todos los demás miraban y esperaban.

"En la familia De La Mora, siempre había un orden para hacer cualquier cosa, y la Navidad no era la excepción", dice el pastor Sergio. "Encendíamos la cámara de vídeo y nos sentábamos todos a esperar a que uno por uno todos los niños abriéramos los regalos. ¡Desafortunadamente yo era el más pequeño!".

Sergio tenía que mirar a sus hermanos y hermanas antes de poder abrir sus propios regalos. Al comienzo le molestaba y con los años hasta intentó negociar un cambio en el order de apertura de los regalos. Pero sus padres se negaron a cambiar la tradición.

Cuando mira hacia atrás, Sergio dice que ha debido comprender que estaban siguiendo la promesa de la Biblia que aparece en Mateo y dice "el primero será el último y el último será el primero".

De niño, Sergio alegaba que si dejaban la costumbre de abrir los regalos uno por uno, iban a tener más tiempo para jugar con sus regalos de Navidad. Luego un día se dio cuenta que "ahorrar tiempo" no formaba parte de la tradición navideña de sus padres.

"A ellos lo que les interesaba era crear recuerdos para sus hijos. Querían fortalecer los valores que nos habían instaurado y, más importante, querían que mantuviéramos nuestros corazones abiertos el uno al otro. Nos transmitieron algunos de los mejores regalos que jamás nos hayan podido hacer: el regalo del honor, el respeto, el profundo aprecio y la gratificación postergada".

Una vez se convirtió en padre, Sergio se dio cuenta que el hecho que tenía que esperar para abrir sus propios regalos hacía que saboreara y disfrutara todo lo que estaba sucediendo ante él. De repente se dio cuenta que había una ventaja en ser el hermano menor.

"Mientras que cada uno de mis hermanos abría sus regalos, ninguno de nosotros se quedaba esperando en silencio. No, todos aplaudíamos y nos emocionábamos cuando veíamos que alguien abría un regalo que estaba deseando encontrar debajo del árbol. Algunas veces hasta estábamos más emocionados por ellos que lo que estábamos por nosotros mismos", cuenta Sergio. "El hecho de emocionarse por otra persona cuando se le cumple un sueño se volvió parte de intrínseca de nuestras personalidades. Esas Navidades me enseñaron a alegrarme por los sueños de los demás".

Los regalos de esas Navidades eran demasiado valiosos para ser empaquetados en un regalo; en cambio fueron depositados en su corazón.

"A lo largo de los años me he venido a dar cuenta de lo afortunado que soy de tener unos padres que le daban tanta importancia a la fe y a la tradición", dice Sergio. "Ahora que soy adulto mi corazón todavía está volcado hacia mi hogar y sé que es por todo lo que me enseñaron mis padres no sólo el día de Navidad sino todos los días de mi vida".

Conclusión

Espero que hayas disfrutado de nuestras historias de Navidad de familiares y amigos. Nos divertimos tanto recolectándolas y hablando de nuestros recuerdos navideños que te recomiendo que hagas lo mismo con tus seres queridos. Es increíble lo que comienzas a recordar una vez tienes a todo el mundo reunido. Recobramos recuerdos que trajeron con ellos las vistas, los sonidos y los olores de las Navidades de nuestra infancia. Más que nada, nos dimos cuenta de los afortunados que somos de tener tantos recuerdos tan llenos de amor y cariño.

Nuestros padres siempre nos dijeros que la Navidad se trataba de celebrar el nacimiento de Jesús, nuestro salvador. Nos enseñaron que cuando le entregamos a Él nuestras vidas y hacemos lo que más podemos para honrar a Dios, le damos más sentido no sólo a esta fiesta sino también a la vida de todos los días. Y cada Navidad nos recordaron que, aunque es divertido dar y recibir regalos para las fiestas, dar a los demás debe ser algo que hacemos durante todo el año.

Victoria y yo rezamos porque tengas muchas Navidades llenas de alegría, paz, y recuerdos duradeos. Celebra al Salvador. Su sacrificio es la razón por la cual tenemos paz, alegría y victoria en nuestras vidas.

¡Feliz Navidad y Feliz Año Nuevo!

Agradecimientos

En general se dice que la escritura es un proceso solitario. Pero para mí este libro, más que cualquier otro libro, ha sido un verdadero esfuerzo de colaboración —muy divertido— ya que trabajé con mis familiares y amigos para redescubrir y comparar recuerdos de Navidades pasadas. Gracias a mi madre Dodie, mi hermano Paul y nuestras hermanas Lisa, Tamara y April por sus contribuciones a este divertido proceso. Mi esposa Victoria y su hermano Don ofrecieron sus maravillosas y conmovedoras historias de infancia. El libro se enriqueció y se hizo aún más diverso gracias a las maravillosas contribuciones de Viera Iloff, la esposa de Don; Marcos Witt, el pastor hispano de Lakewood y su madre Nola Warren; mis amigos pastores Phil Nunsey, Sergio De La Mora y Matthew Barnett y Gabriela Ferrel de Lakewood.

Un agradecimiento especial una vez más a Wes Smith, por el extraordinario trabajo que hizo para sacarnos aún más historias y por ayudarme a juntarlas todas en este libro. Gracias también a Jan Miller Rich y Shannon Marven de la agencia literaria DuPree Miller & Associates y a todas la gente de Simon & Schuster por su entusiasmo y apoyo.

CRÉDITOS FOTOGRÁFICOS Y LEYENDAS

Fotografía de la portada: Joel Osteen, joven. *De la colección personal de Joel y Victoria Osteen.*

página iv Joel tenía aproximadamente cinco años en esta foto. *De la colección personal de Joel y Victoria Osteen.*

página xiv Joel con Rusty, el perro de la familia, frente al hogar familiar, circa 1966. *De la colección personal de Joel y Victoria Osteen.*

página 12 Joel con sus regalos de Navidad, incluída su bicicleta de diez cambios y su bolso para el gimnasio. *De la colección personal de Joel y Victoria Osteen.*

página 24 Circa 1962. Arriba, de izquierda a derecha: Tamara, Papá John Osteen, Paul, Mamá Dodie Osteen. Abajo: Abuelo Roy Pilgrim, Lisa, Abuela Georgia Pilgrim. *De la colección personal de Joel y Victoria Osteen.*

página 54 Arriba: Lisa y Paul. Abajo: April, Joel, Tamara. *De la colección personal de Joel y Victoria Osteen.*

página 88 Los niños Osteen: fila de arriba: Lisa y Paul; abajo: Joel, April, Tamara. *De la colección personal de Joel y Victoria Osteen.*

página 110 En esta foto Victoria tenía dos años y Don tenía seis. Ella está con el gatito negro de la familia. *De la colección personal de Joel y Victoria Osteen.*

página 124 Victoria encontró un lápiz labial en el bolso de su madre y se lo tomó prestado. El pequeño espejo que tiene entre sus manos no parece haberle ayudado mucho en el momento de la aplicación. *De la colección personal de Joel y Victoria Osteen.*

página 130 Victoria Iloff Osteen en segundo de primaria. *De la colección personal de Joel y Victoria Osteen.*

página 138 Nola Warren y sus hijos. *De la colección personal de Nola Warren.*

Fotografía de la contracubierta: La familia Osteen. *De la colección personal de Joel y Victoria Osteen.*